知行

以知促行 以行求知

初中道德与法治学习活动设计与实践

唐月丽 著

上海教育出版社
SHANGHAI EDUCATIONAL
PUBLISHING HOUSE

《以知促行　以行求知——初中道德与法治学习活动设计与实践》一书,是笔者基于多年教学实践与理论研究,以学习活动设计为核心,围绕初中道德与法治学习活动设计与实践的阶段性、集中性研究成果。

本书主要针对学习活动设计、学习活动实施、学习活动评价等系列问题,进行严谨、细致、深入的阐释,旨在引发一线教师对教学现状的思考,望在培育学生学科核心素养的路径和方法上能对其有所助益。

本书在编写过程中始终坚持以下四个原则。一是以学科核心素养为指引。本书以《义务教育道德与法治课程标准(2022年版)》为指导,详细解读了学科核心素养的具体内涵和要求,并以其作为学习活动设计的参考标准,设计出一系列富有针对性的学习活动,引导学生主动参与、积极探究,培养其道德修养、法治观念、责任意识等核心素养,实现了价值引领、能力培养与知识传授的有机结合。二是基于问题解决的设计思路。我们深知,道德与法治课程不仅仅是要"授之以鱼",更重要的是"授之以渔",即培养学生解决问题的能力。因此,本书结合具体案例,分析了教师和学生在道德与法治学习中可能遇到的各种问题,并提供了相应的学习活动设计策略,尤其注重引导学生通过实践体验、合作学习、讨论交流等方式,自主探究问题的解决方案,从而提高他们的实践能力和创新意识。三是基于真实的实践经验。在编写过程中,笔者借鉴了一线教师的实践经验,其中不仅包括对失败经验的反思与总结,更有成功经验的示范与提炼。"操千曲而后晓声,观千剑而后识器。"望这些实践经验能为一线教师提供宝贵的参考,让他们在今后的教学中有迹可循、有理可依、有的放矢,更加高效地开展道德与法治学习活动设计与实践。四是力求学术性与可读性兼而有之。本书语言生动、通俗易懂,笔者避免使用过于晦涩难懂的术语;同时,俯拾皆是的真实案例,具体形象、晓畅生动,增强了可读性。本书章节与章节之间保持着紧密的逻辑性和连贯性,使得整本书形成一个有机的整体,具有系统性和规范性。

本书关注的是学习活动的设计与实践,体现了教育理念的更新和教学方法的创新,对道德与法治课教学具有重要意义。首先,这是教育理念转变的题中之义。学生是学习的主体,是整个学习过程实施和落实的主角。学习活动的设计与实践注重学生的主动参与、合作探究和实践体验,能够更好地激发学生的学习兴趣和积极性,培养他们的创新精神和实践能力。其次,这有助于提高道德与法治课教学的实效性。道德与法治课作为培养学生思想政治素质的重要课程,其教学效果直接关系到学生的成长和发展。学习活动的设计与实践能够根据学生的实际需求和兴趣爱好,创设具体、生动、有趣的学习情境,让学生在实践中学习、在体验中成长,从而更好地理解和掌握思政课程的核心内容和精神实质。最后,这有助于促进学生的全面发展。学习活动的设计与实践注重学生的多元智能和综合素质的培养,多样化的学习方式和活动形式,可以让学生的核心素养得到全面提升。

本书的章节设置遵循了学习活动设计的内在规律。首先,从国家教育方针、教育改革、课程育人、课堂教学、学生发展等多个层面深入剖析了学习活动设计在初中道德与法治课程中的重要地位和作用,阐述了学习活动设计的必要性。其次,通过案例式、议题式、体验式、项目式等多种学习活动设计与实践的探讨,展示了学习活动设计的多样性和实效性,同时也对当前学习活动设计中存在的问题进行深入分析,提出相应的优化策略。最后,重点关注学习活动的评价问题,通过对当前初中道德与法治学习活动评价中存在的主要问题进行深入剖析,以期为未来的学习活动提供有益参考。

　　回首过往,殊为不易;抚今追昔,成之惟艰。本书凝聚了笔者多年的教学经验和理论思考,编写过程中也离不开众多同仁的支持与帮助。在此,向所有关心和支持笔者的同仁们表示衷心的感谢。同时,笔者也希望这部专著能够为一线教师提供一些有益的启示和借鉴,为推动初中道德与法治课程的改革和发展贡献一份绵薄之力。

　　志不求易者成,事不避难者进。在教育现代化的探索之路上履实践行,我们任重而道远。笔者将继续赓续初心,开拓创新,踔厉奋进,为培养更多有理想、有本领、有担当的时代新人贡献自己不竭的热情与力量。

　　愿这部专著能够为您的教育之路提供帮助。

　　谨以此序,与诸君共勉。

唐月丽

2024 年 4 月 8 日

目录
CONTENTS

绪　论

一、研究背景

思政课是落实立德树人根本任务的关键课程,道德与法治课程是义务教育阶段的思政课。《义务教育道德与法治课程标准(2022 年版)》(以下简称"课程标准")对初中道德与法治课的教学作出了明确、详细的指导和规范。课程标准强调要创造各种不同的学习情境,让学生进行自主、合作的实践探索和体验,让学生走出教室、走出学校,主动地参与到社会实践中去。不难看出,课程标准要求道德与法治课要注重提升学生的情感体验与道德实践,不断创新使用教育方法,更新教育观念和教育理念,强调师生之间的良性互动、共同发展。这就要求教师在初中道德与法治课教学中有针对性地开展各种学习活动,让学生自己去探索、体验、交流、感悟和分享。学生通过自身的经历和感悟,在得到道德体验的基础上,增强道德意识,把思想和道德知识转化为正确的行为,实现知行合一,逐步形成正确的世界观、人生观和价值观。

(一)新时代对道德与法治课提出新要求

近年来,我国对思政课建设给予了高度的关注,并对思政课教学进行了多次改革与创新。习近平总书记曾在学校思想政治理论课教师座谈会上指出,要不断增强思政课的思想性、理论性和亲和力、针对性,要坚持政治性和学理性相统一、价值性和知识性相统一、建设性和批判性相统一、理论性和实践性相统一、统一性和多样性相统一、主导性和主体性相统一、灌输性和启发性相统一、显性教育和隐性教育相统一。① 为了将习近平总书记在思想政治课教师座谈会上的重要讲话精神贯彻落实到一线思政课教学中,中共中央办公厅、国务院办公厅印发了《关于深化新时代学校思想政治理论课改革创新的若干意见》,其中就提升新时代思想政治课教学实效和贯彻落实思政课立德树人的根本任务,提出了更加具体的要求。

---

① 习近平.思政课是落实立德树人根本任务的关键课程[J].求是,2020(17):12.

道德与法治课程为培养以实现中华民族伟大复兴为己任的有理想、有本领、有担当的时代新人打下牢固的思想基础。课程以学生的真实生活为基础，教师应根据学生的生活实际，设计一系列的符合学生成长发展需要的思维型活动和实践型活动。青少年阶段正是人生的"拔节孕穗期"，是最需要精心栽培和引导的时期。在道德与法治课中进行一系列的学习活动的设计和实施，既是提高课堂教学有效性的必要手段，也是新时期道德与法治课程教学改革与创新的必然选择。

（二）思政课由局部创新走向整体变革

思政课由局部创新走向整体变革，是新时代教育发展的重要趋势，也是培养时代新人的必然要求。

国家高度重视思政课的创新发展。政府相关部门出台了一系列政策文件，明确提出了思政课改革的目标、任务和措施。这些政策不仅强调了思政课在立德树人中的核心地位，还提出了加强思政课教师队伍建设、优化课程内容体系、创新教学方式方法等方面的具体要求。这些政策为思政课的整体变革提供了有力的制度保障。

习近平总书记曾在学校思想政治理论课教师座谈会上提出，要统筹推进大中小学思政课一体化建设，推动思政课建设内涵式发展。

课程标准提出，道德与法治课程具有政治性、思想性和综合性、实践性。在教学建议中指出要丰富学生实践体验，学以致用，知行合一。

2022年7月25日，教育部等十个部门印发的《全面推进"大思政课"建设的工作方案》指出，要坚持开门办思政课，强化问题意识、突出实践导向，充分调动全社会力量和资源，建设"大课堂"、搭建"大平台"、建好"大师资"，推动思政小课堂与社会大课堂相结合，教育引导学生坚定"四个自信"，成为堪当民族复兴重任的时代新人。

2022年11月4日，教育部发布了《关于进一步加强新时代中小学思政课建设的意见》。其中提到要突出中小学思政课的关键地位，全面提高中小学思政课建设水平，要使课堂充满生机活力，开发丰富高质量的课程资源，深化实践教学。

　　思政课的整体变革还注重与时代发展紧密结合。随着新时代的到来，思政课需要不断更新教学内容、创新教学方式方法，以适应时代发展的需要。因此，政策支持还体现在推动思政课与现实生活的结合上，鼓励教师将社会热点、时事政治等融入课堂教学，引导学生关注社会、关注现实，增强思政课的针对性和实效性。

　　总之，思政课由局部创新走向整体变革是一个系统工程，需要政府、学校、教师和社会各界的共同努力。通过政策支持的引导和推动，相信思政课将更好地发挥育人作用，为培养时代新人作出更大的贡献。

　　（三）教育实践经历中的诸多思索

　　自从加入教师队伍，笔者一直从事道德与法治教学工作，在教学生涯中经历了许多的变与不变。其中所经历的变有：教材版本发生了变化，由上教版转变为部编版；教材名称的改变，由"思想品德"变为"道德与法治"；课程标准中学段目标的变化，由 2011 年版的三维目标变为 2022 年版的学科核心素养目标。从地方到统一、从思想品德到道德与法治、从三维目标到核心素养目标等变化既说明了思政课的重要意义，也体现了它与时俱进的特点。怎样把党的教育方针、思政课的改革与创新贯彻到日常教学中？如何将课程标准与教材内容紧密结合，致力于在教学实践中深入贯彻落实核心素养的培育要求，以全面提升学生的综合素质？如何避免在实际操作中出现"换汤不换药、对标不对本"的情况？这一系列问题有待于进一步研究与探索。

二、研究意义

　　初中道德与法治进行学习活动设计与实践的研究意义深远而重大。

　　首先，从理论层面看，这一实践研究有助于深化教师对道德与法治课程的理解。道德与法治课程不仅仅是知识的传授，更是道德情感的培养、法治精神的树立以及社会责任感的强化。学习活动的设计与实践，使得教师能在教育过程中更加注重学生的主体性,有助于学生在参与、体验、反思中自主学习、自我成长。这样的方式能打破传统的灌输式教学模式,建立起以学生为中心的、更具活力和创新性的新模式。

其次,从实践层面看,这一实践研究有助于提高道德与法治课程教学的实效性。通过精心设计的学习活动,可以让学生在具体的情境中感受道德的力量、理解法治的重要性,从而增强他们的道德认知和法律意识。同时,实践活动还可以帮助学生将所学知识转化为实际行动,培养他们的社会责任感和公民意识。此外,学习活动的设计与实践还可以激发学生的学习兴趣和积极性,提高他们的学习效果。

最后,这一实践研究对于促进教师的专业发展也具有重要意义。学习活动的设计与实践需要教师具备较高的专业素养和教学能力,能够根据学生的实际情况和课程要求,设计出既符合教学目标又富有创意的学习活动。在这个过程中,教师需要不断学习新知识、掌握新技能、提高新能力,以应对教学过程中的各种挑战。因此,这一研究可以推动教师不断更新教育观念、提升教学水平,实现自身的专业成长和发展。

三、历史发展

新一轮的课程改革以推动人的全面发展为重点,强调注重培养学生的实践能力和创新能力。对学习活动进行设计与实践,不仅是顺应时代发展的需要,也是为了让每个学生得到更好发展。

(一)国外理论研究

在西方,有关活动教育的概念最早在欧洲文艺复兴时期出现。蒙旦、拉伯雷和维多利诺等人文主义教育家,严厉地谴责了机械教育,认为其压制了儿童的天然个性。这些人文主义者注重儿童在整个教育过程中的主动性培养,重视实物在教育中所起的作用,他们倡导将游戏、观察等方式方法运用到实际的教育教学中,以增强儿童的学习兴趣,从而达到让儿童在愉悦的学习体验中获得知识以及提升能力的目的。拉伯雷在《巨人传》中巧妙地讽刺了中世纪对个性教育压制的弊病，表露出以日常参观、实地调查和远足旅行为基本途径的活动教育理念。① 蒙旦不赞成教师只讲授文本知识的做法，主张教师要让儿童自己去体验和实践，这样才能充实他们从课本上学到的东西。

维多利诺创立了"快乐学校"，他反对机械式的教学方式，倡导教师在课堂上要注意学生的主观能动性，让他们在课堂上充分地运用自己的独立性思维解决问题。

近代法国启蒙思潮的出现，使活动教学的教育理念得以发展和完善。卢梭是启蒙运动中一位重要的启蒙思想家，他最早较完整地提出了活动教学的教育思想。他从自然教育观出发，提出了教育要遵循儿童的本性，要按照儿童身体和心理发展的不同时期进行，不能过早，也不能延迟。卢梭提倡民主、自由、平等的教育理念，注重个性的自由与解放，反对教育对人个性的压抑。他在《爱弥儿》一书中对活动教育思想进行了较多的论述，提出"要保护儿童的天性""经验和感觉是人类真正的老师"等，这是对活动教育思想的重要补充，但这仅限于理论论述层面，缺少实践的支撑。②

德国著名教育学家福禄贝尔与瑞士著名教育学家裴斯泰洛齐将活动教育理念贯彻运用于具体实际的教育教学实践中，深入检验和发展了卢梭的活动教育理念。福禄贝尔把儿童本身所具有的体验以及在学习过程中的行为表现看作是教学的根本，他提倡儿童应该在切身的实践中去认识和理解世界。裴斯泰洛齐则注重对学生实际操作能力的训练，强调以多种多样的形式开展教学，提倡教学"活动化"。

美国教育家杜威对卢梭、裴斯泰洛齐和福禄贝尔的教育思想进行了批判的传承。杜威借鉴前辈们的经验，进一步提出了"做中学"的教育理念。他认为，在学校教学中，要把重点放在活动的作用上，他指出儿童要想得到知识和经历，就一定要通过活动，只有这样，儿童才会对这个世界

---

① 潘洪建,孟凡丽.活动教学原理和方法[M].兰州：甘肃教育出版社,2008：22.
② 陆玲芳.高中思想政治课活动教学研究[D].苏州大学,2017.

产生更多的关注,才能更好地开发他们的思考技能和发展思维能力。杜威也亲自开办了一所实验小学,将这一教育理念付诸实践。由此可以看出,杜威的思想不仅仅停留在理论层面,还进行了实践。在这一时期,活动教育思想在欧美地区的许多学校流行起来,许多学校教育都深受活动教育思想的影响。

20世纪中期,活动教育取得新的发展。瑞士教育心理学家皮亚杰在卢梭和杜威等人的研究基础上,从认识论出发,再次肯定了活动教育的地位,强调了实践的意义与价值。他认为,在儿童了解这个世界和培养他们思考的能力方面,活动起着重要的作用。在此基础上,他为开展活动教学的研究提供了可供参考的途径,为活动教学的发展提供了理论依据。另外,在马克思主义哲学的指引下,苏联著名的心理学家维果茨基、列昂捷夫等人把"实践"这一重要教育观念引进到活动教学中,并对活动教育的研究提供了一个新的视角,即从心理学的观点出发,认为人的发展只有通过积极实践才能实现。此后,他们逐渐丰富和完善活动教育理念,并以此指导活动教学的研究与实践,这对于开展活动教学具有非常重要的意义与价值。

总的来说,国外学者对活动教育进行了大量研究,这对今天进行初中道德与法治学习活动设计与实践研究同样具有很大的借鉴意义。然而,笔者注意到,许多国外学者都只注重理论方面的研究,缺乏对实际教育教学实践的探讨,特别是很少将活动教学理论应用到具体的课程教学中。另外,国外与我国的教育存在一定差别。所以,对初中道德与法治学习活动设计与实践的研究绝不能简单地照抄国外的研究理念,而要根据我国的基本国情和具体的教育教学实际,因地制宜,具体问题具体分析。

(二)国内理论研究

我国关于活动教育的思想,历史悠久,源远流长。

"知行学说"始于春秋战国时期,蕴含着实践教育的理念。在这一时期,老子提出了"不行不知"的理念,王弼则倡导"不行而虑可知",这两种观点都从唯心主义的知行观出发，虽强调了先验知识的重要性，却忽略了实践经验在认识过程中的作用，并没有真正阐述实践的重要性。孔子提倡"听其言而观其行"，强调的是在评价一个人时，不能仅听其言论，更要观察其行为是否与其言论一致；墨子认为"言足以复行者尚"，也强调了言行一致的重要性。至于这些观点是否属于唯物主义的知行观，我们需要理解唯物主义知行观的本质。唯物主义的知行观强调理论与实践的相互作用，认为认识来源于实践，并指导实践。它注重经验知识的积累和运用，以及实践经验在认识过程中的重要性。从这一角度看，孔子和墨子的观点虽然强调了言行一致的重要性，但并未直接涉及认识与实践的关系论述，也未明确提及经验知识或实践经验的积累和运用。因此，虽然这些观点与知行观有关，但不能直接归为唯物主义的知行观。它们更多的是从道德评价和行为规范角度出发，强调人的言行应该一致，而非从认识和实践的关系角度进行阐述。所以，它们更多体现了古代先贤在道德评价和行为规范方面的智慧，而非对认识与实践关系的深入探索。

随着时间推移，关于知行观，无论是从唯心主义还是唯物主义的角度，都有了新的发展。比如，思想家朱熹和程颐对"知先行后"进行了论述，他们的知行观体现了唯心主义的倾向。他们认为，"知"是先于"行"的，即知识或认识应该先行于实践行动。这种观点强调了知识、理论在指导行动时的重要性，认为只有先有了正确的认识，才能做出正确的行动。而王夫之作为明清之际的唯物主义哲学家，主张"行先知后"，即实践行动应该先于知识或认识。他强调了实践在获取知识、认识世界中的决定性作用，认为只有通过实践，才能真正获得对世界的深刻理解和认识。

不同思想家对知行关系的深刻思考和独特见解体现了哲学思想在历史发展中的多样性和复杂性。尽管以上这些大家的观点不同，但都注重知行合一，且相信"知"和"行"是分不开的。

在陶行知、陈鹤琴等著名教育工作者的不断探索下，活动教学理念又有了崭新的发展。陶行知基于传统教育理念和杜威教育理想，提出了"社会即学校""生活即教育"和"教学做合一"的教育思想观点。他的生活教育理论注重以实际的生活为教育核心,指出教育只有落实到生活中,从生活出发,通过生活才会产生真正的意义与价值。同时,陶行知将其思想应用于实践中,创立了晓庄实验乡村师范学校、育才学校等学校。与陶行知思想相接近的大教育家陈鹤琴,则提出了"活动教育理论",并开办了一所新型的幼稚园,开始"活动教育学"的实验。总之,这两位伟大的教育家都对教育与生活的联系进行了阐释,阐明了生活对于教育的重要性,强调了知与行的结合。这两位教育家的教育理念充实了学习活动式教育理论,并将其发展成为一种更加科学的理论。

四、研究现状

近年来,一些一线教师和学者们也逐步开始对学习活动进行研究,关于"活动教学"的研究著作也逐渐丰富起来,其中潘洪建、孟凡丽两位学者主编的《活动教学原理与方法》,田慧生主编的《关于活动教学几个理论问题的认识》,田慧生、李臣之、潘洪建合著的《活动教育引论》,彭小明的《活动教学法初探》,宋宁娜的《活动教学论》等,都非常具有代表性。

在新一轮课改的推动下,活动教学在国内得到了更多的关注,在具体的学科教学中被大量应用,这使得很多一线教师都对学科活动的学习进行研究和探讨。笔者通过整理和分析,发现对初中道德与法治课学习活动的研究主要从以下四个方面出发。

第一,对道德与法治课程实施过程中的学习活动概念进行了探讨。对于初中道德与法治课学习活动教育这一理念,不同学者有着不同的见解。刘文群认为:"初中思想品德课学习活动教育,可以定义为:在教师的指导下,依据学生现有的生活经验,根据常规的教育内容和课程的进程,创造出丰富多样的学生活动,给学生提供多种的学习体验,让学生对社会的实际情况进行切身的感受,积极探索社会现实与自我成长的问题,在这些过程中领悟和认识社会的思想道德价值要求,并通过这些活动的实践内化,逐渐形成了正确的道德观和行为习惯的一种教育方式。"①郭莹莹认为,"思想品德活动教学是一种有利于学生身心发展的一种教育观和一种教育方式,是在思想品德课老师的指导下,在学生对所学的知识进行学习的前提下,根据传统的德育课程的内容和课程安排,组织的一系列丰富多彩的学生活动,让学生亲身体验,主动学习、主动探索,在这些活动中,提升自己的思维水平,把自己的道德知识融入自己的生活之中,从而让自己的能力得到提升"②。两者都将学习活动视为一种承载教育任务的学习形式,并且强调要在教师的引导下,让学生积极地投入学习活动,从而实现个体的充分发展。董甜甜认为,"初中道德与法治课学习活动教育是根据初中生身心发展和认知规律,在课程标准的指引下,以德育法治教育为核心,以教室为主阵地,以促进学生在道德、法治素质和行为方式上的整体发展为目标的一种教学方法"③。她把活动教育看作一种教学方法,关注学生的整体全面发展。因此,我们可以发现,无论是思想品德课,还是今天的道德与法治课,其开展活动教学,都是通过教师或师生共同设计学习活动,以促进学生积极地参与课堂学习,并能够让学生从学习活动中获得新的知识,获得新的发展。初中道德与法治学习活动是一种师生共同参与、双向互动的活动,活动注重培养学生的综合素质,促进学生健康全面发展。

第二,对初中道德与法治课学习活动重要性的探讨。在初中道德与法治教学中,设计丰富多样的学习活动,为学习注入生机与活力,有利于激发学生的学习兴趣与学习热情,从而促进学生的学习和发展,对提升初中道德与法治的教学实效具有重要价值。田闪闪认为,"在初中道德与法治课中设计多样的学习活动,可以有效地调动学生的积极性,改善课堂教学效果;有利于激发学生潜能,促进创造力的发展;有利于促进学生的独立发展和健全

① 刘文群.初中思想品德课活动教学的实践研究[D].华东师范大学,2010.
② 郭莹莹.思想品德课活动教学存在的问题及其对策研究[D].河北师范大学,2013.
③ 董甜甜.活动教学法在初中道德与法治课程中的应用研究[D].鞍山师范学院,2018.

人格"①。章芳认为,"开展学习活动可以提高学生的学习效率,培养学生的问题能力,培养学生的合作精神和交往能力,培养学生的独立个性和人格的健全完善"②。潘桂芳指出,"在实践中,开展学习活动可以提高学生的学习兴趣,增强他们的学习能力,有利于充实教学内容,培养学生思维"③。可以看出,学者们普遍认为活动教学的重要价值在于能够促进学生在轻松愉悦的学习体验中获取知识,培养能力以及达到教育目的,但对于其他方面的意义却很少提及。

第三,对目前我国初中道德与法治课实施学习活动过程中出现的问题进行了探讨。虽然目前活动教学已经得到广泛应用,但在实践中,一线教师还是遇到了一些问题和困难。郭莹莹在她的一篇文章中指出了目前初中道德与法治课在学习活动的设计与实践中还存在的一些问题,如"活动目标偏差、活动形式单一、活动场所封闭、活动过程陷入误区、教师忽视对活动的引导等"④。邹梅在其著作中就学习活动实施中的一些问题阐述了自己的看法,她认为"活动课资源缺乏,使用不当;活动式教育的目的比较笼统,缺乏针对性;课堂活动的内容过时,创新不足;课堂上的活动方式比较简单,内容不够丰富;课堂活动的设计不科学,没有明确的目标,缺乏可接受性;活动教学重课堂模拟活动,轻课后实践活动"⑤。王晓军就学习活动的实践与应用提出了自己的看法,他认为"活动流于形式,中学生的主体作用不明显,活动中学生的参与面较窄"⑥。以上所列出的学者的看法,从不同的视角对初中道德与法治课开展学习活动中遇到的问题进行了阐述。可以发现,学习活动的设计与实践如果陷入为了活动而活动,就会演变为形式主义,必然会降

① 田闪闪.活动教学在思想品德课中的应用研究[D].新疆师范大学,2015.
② 章芳.思想政治课活动教学价值的思考[J].淮北煤炭师范学院学报(哲学社会科学版),2004(04):150-151.
③ 潘桂芳.新课标下思想政治课教学改革应当把握的几个问题[J].当代教育论坛(学科教育研究)2008(08):46-48.
④ 郭莹莹.思想品德课活动教学存在的问题及其对策研究[D].河北师范大学,2013.
⑤ 邹梅.初中思想品德课活动教学中的问题及优化策略研究[D].华中师范大学,2012.
⑥ 王晓军.初中思想品德课活动教学法探究[D].华中师范大学,2013.

低课堂的有效性,带来不可预估的消极影响;学习活动的设计过于单调乏味,就会容易降低学生的积极性与学习兴趣,活动过程缺乏有效的控制和引导,则会造成教学秩序的混乱,很难确保教学目标的实现。上述各种问题,正是当前初中道德与法治课在进行学习活动设计与实践时必须加以反思和亟待解决的问题。

第四,关于在初中道德与法治课实施学习活动过程中的一些建议。为了在初中道德与法治课中更好地进行学习活动设计与实践,学者们提出了不少建设性对策与建议。针对学习活动实施中存在的问题,学者黎文欢认为要"明确活动教学目的、处理好教材资源与课外资源的关系、扩大学生参与面"①。黄秀霞教授则认为有效的活动教学策略有"营造活动氛围,提高学生参与度;充分利用资源,增强课堂实效性;关注时事新闻,增强学生社会使命感"②。安华锋、郝庆华认为应"开展经典朗读,传播中华优秀传统文化;重视生成资源,因势利导增强课堂实效性;引入新闻事例,关注社会,增强使命感"③。郭莹莹认为"要提升教师活动教学素质,实施有效的活动教学策略,建立有效的活动教学评价体系"④。这些学者的研究将活动教学的有关理论与初中道德与法治教学实际紧密联系,从各层次上为在初中道德与法治教学中如何进行有效的学习活动设计与实践提供了参考,具有一定的借鉴意义。

通过以上论述可以发现,国内关于活动教学的研究和实践已经有了初步成果。但是,关于学习活动在教学中实际应用的研究却很少见,大多数的研究还停留在理论层面。随着新课改的持续进行、教材的更新换代,一些旧的观念已经与初中道德与法治课的教学实践不相适应。因此,本书尝试在活动教学理论的指引下,结合自己的教学实践,将活动教学理论贯彻落实到道德

---

① 黎文欢.初中思想品德课活动教学策略[J].教学实践,2017(02):247.
② 黄秀霞.活动教学法在初中道德与法治课程教学中的应用研究[J].西部素质教育,2019,5(01):247.
③ 安华锋,郝庆华.浅谈初中道德与法治课活动教学的感悟[J].学周刊,2018(06):67-68.
④ 郭莹莹.思想品德课活动教学存在的问题及其对策研究[D].河北师范大学,2013.

与法治教学中,进而丰富对这一领域的研究。唯有将一系列的学习活动融入真实的课堂教学,才能更好地认识到学习活动在实践应用中出现的问题,对其进行充实和完善,从而使学习活动更好地服务于初中道德与法治课教学。

五、研究方法

(一)文献研究法

通过图书馆、电子阅览库、中国知网等途径,阅读与初中道德与法治学习活动教育相关的著作、论文、报纸期刊等,查阅、搜集相关数据以及文献资料,以此丰富活动教育学相关理论,加深对初中道德与法治教学的认识与理解,同时对相关研究资料认真分析、整理并归类,以期在现有的研究基础上获得一些新的启发和思考。

(二)访谈法

借助自身教学资源优势,对部分从事初中道德与法治教学的一线教师进行深度访谈,制定访谈计划与访谈提纲,将访谈内容进行记录与整理,获取第一手真实可靠的资料信息,从而研究分析初中道德与法治学习活动设计与实践现状,并对现状进行详细的分析和解释,以便更好地进行初中道德与法治学习活动设计与实践。

(三)经验总结法

通过总结自身多年从事初中道德与法治教学的实践经验,分析当前初中道德与法治教学中遇到的问题,并对以往所进行的学习活动设计与实践经验进行反思与梳理,结合同事等一线初中道德与法治教师的教学实践经验,使此项研究更加贴近教学实际,更有说服力。

(四)案例研究法

通过对典型案例的分析,分类整理不同学习活动设计存在的问题,探讨其存在的原因,针对这些问题提出相应的学习活动设计与实践优化策略,使研究更具体、真实,并借此为初中道德与法治学习活动的设计和具体实施提供可操作的教学建议。

六、核心概念的界定

（一）学习活动

2017 年 8 月，教育部印发《中小学德育工作指南》，对学校德育工作的具体做法及要求进行了系统的阐述，提出"课程育人""文化育人""活动育人""实践育人""管理育人""协同育人"，以"课程育人"为主线，全面推进学校德育工作。2017 年 9 月，中共中央办公厅、国务院办公厅印发的《关于深化教育体制机制改革的意见》中明确提出，要加强德育课程、思政课程，"创新思想政治教育方式方法，注重理论与实践相结合、育德与育心相结合、课内与课外相结合、线上与线下相结合、解决思想问题与解决实际问题相结合，不断增强亲和力和针对性"。2018 年，《普通高中思想政治课程标准》正式提出要构建活动型学科课程，针对传统思政课教学面临的诸多问题，将活动型课堂教学的应用引入思政课教学中，以提高思政课教学效率，提升育人效果。

从一般意义上讲，学习活动是在社会生活实践中，以语言为媒介，自觉地、积极主动地掌握社会和个体经验的过程。这是个体通过不同的方式、方法和手段，获取、加工、存储和应用信息，从而不断提升自身能力和素质的过程。

学习活动是在教师的指导下，有目的、有计划、有组织地掌握系统的科学知识和技能，发展各种能力，形成一定的世界观与道德品质的过程。在这个过程中，教师起着引导、启发和监控的作用，而学生则是学习的主体，需要积极参与到学习活动中来。

学习活动方式则是学习者为完成一定学习任务所采取的，与特定学习对象相互作用的，由特定学习过程、学习形式与学习状态有机构成的一系列战略性学习手段。这些手段可以包括阅读、讨论、实践、探究等多种形式，旨在帮助学习者更好地理解和掌握知识，提升学习效果。

学习活动不仅需要认知加工的介入，还需要情感的投入和意志的努力。

它往往涉及多个方面的能力和素质的提升,包括知识、技能、情感、态度、价值观等。

总之,学习活动是一个复杂且多维度的概念,它不仅是知识传递和技能提升的过程,更是个人成长和发展的过程。

（二）初中道德与法治学习活动

课程标准明确指出,要加强学生的情感体验和道德实践,加强师生互动,促进师生共同成长。初中道德与法治教材的设计也倡导一种活动式的学习方式。初中道德与法治学科相继有了新的课程标准、新的教材以及新的教学要求,对道德与法治课进行一系列的学习活动设计与实践是大势所趋。

初中道德与法治学习活动设计,是指结合学生实际生活和课程标准,在教育教学理论与活动教学理论的指导下,基于对道德与法治教材内容的系统整理和整体把握,构建一系列的有目的、有组织、有指导的学习活动,借助学习活动呈现教学内容、实现教学目的、提升教育实效。活动旨在帮助学生构建正确的价值观念,培养良好的道德品质和法治意识,同时锻炼学生的批判性思维,提升问题解决以及社会参与能力。

具体来说,道德与法治学习活动包含以下几个核心要素。

目标导向:每项学习活动都有明确的学习目标,这些目标需符合课程标准,并指向特定的道德理念或法律概念。

内容相关性:学习活动的内容与学科知识紧密相关,确保学生能通过活动深入理解和掌握道德规范和法律常识。

学生参与:学生是学习活动的主体,他们积极参与,通过实际操作、讨论交流、反思总结等方式进行学习。

互动合作:学习活动鼓励学生之间的合作与交流,通过小组合作、对话讨论等形式,提升学生的社交能力和团队协作精神。

实践应用:学习活动注重学生的实践操作,如模拟法庭、社区服务、情景剧等,让学生在实践中体验和应用所学的相关知识。

价值观塑造：学习活动引导学生形成正确的价值观念和社会责任感，促进他们品德的形成和发展。

反思与评价：学习活动结束后有反思和评价环节，使学生对自己的学习过程和结果进行思考，教师也能据此调整教学策略。

多样性与创新性：学习活动设计能够吸引学生的兴趣，激发他们的学习动力，同时也能满足不同学生的学习需求。

初中道德与法治学习活动是一种综合性的教育手段，它不仅仅是传授知识的过程，更是培养学生综合素质的过程。通过精心设计和实施这些活动，可以有效提升学生的道德修养和法治素养，为他们成为合格的社会公民打下坚实的基础。

七、主要理论基础

活动在学生学习和发展中扮演着重要角色，被视为重要的教育手段。活动教育思想有着深厚的理论依据。笔者主要以马克思关于人的全面发展学说、毛泽东的实践论和知行合一理论、陶行知的生活教育理论、杜威的做中学教育思想和皮亚杰的认知发展阶段理论为理论基础，探索初中道德与法治学习活动的设计与实践所依据的理论。

（一）马克思关于人的全面发展学说

马克思提出了人的全面发展理论，认为人的全面发展的实质是人的生产活动、人的需要以及人的社会交往的全面发展。

马克思关于人的全面发展的学说，为学习活动的设计与实施和课程标准的颁布提供了坚实的理论基础。课程标准在明确学生要全面发展政治认同、道德修养、法治观念、健全人格、责任意识五大核心素养的基础上，提出要以活动为教学手段，为学生创造有效学习的机会和活动空间，促进学生全面发展。在初中道德与法治学习活动的实践中，学生共同探究、深入互动，师生共同合作，实现教学目标。这些师生间、生生间的良性互动交流有利于让学生的社会关系得以充分发展。从某种意义上讲，开展初中道德与法治学习活动设计与实践是符合马克思关于人的全面发展思想要求的。

（二）毛泽东的实践论和知行统一观

毛泽东在《实践论》中提出："实践、认识、再实践、再认识，这种形式循环往复以至无穷……这就是辩证唯物论的知行统一观。"①

知行统一不是一蹴而就的，它是一个螺旋上升、不断前进的过程。在这个过程中，通过反复认识与实践，通过在实践中发现问题，进而在实践中解决问题，最终能够实现知行合一。初中道德与法治学习活动设计与实践，通过梳理学生认知程度与教学内容之间的关系，进行学习活动设计，实现螺旋式的学习过程，让各个教学过程环环相扣。比如，在学习活动中，利用生活的情境来呈现一个教学问题，这就是一种实践的课堂化。在此基础上，学生自主学习，对教材知识进行系统的梳理，对所学内容有总体的理解，这就是认知。在复习课阶段，学生通过主题探究活动，将所学知识应用于生活，在生活中分析问题、解决问题，提高基本能力，这个过程就是再实践的过程。在学习总结中，学生对知识体系进行总结，对教学议题进行系统的梳理和分析，对价值理念进行提炼和升华，这是一种再认识的过程。学生通过实际应用，在解决真实生活问题的过程中将所学知识进一步理解、内化，又运用所学知识指导实践，外化于行动，这个过程便是在实践中认识，再由认识到实践的过程。如此不断循环往复，从而逐渐培养学生学科核心素养，促进学生知行合一，这符合毛泽东知行统一观的要求。

（三）陶行知生活教育理论

教育家陶行知提出了生活教育理论，具体包括社会即学校、生活即教育、教学做合一。生活教育理论强调，学校的教学应紧密围绕现实生活展开，而社会更是学生获取知识和经验的宝贵场所。在教育实践中，不能与现实世界脱离。实践是认知的基石，是创新的源泉。将教育与实践相结合，实现教与行的融合，让学生在实践中深化理解，在行动中获得新知。具体到初

---

① 毛泽东选集(第 1 卷)[M]，北京：人民出版社，1991：296 - 297.

中道德与法治课,就是要在教学中,以学生日常生活为突破口,用与学生生活相关的话题,将思政小课堂与社会大课堂相结合,做到以学习引领生活,让学生在社会生活中不断学习,在学习中获取生活技能,以便更好地生活。

（四）杜威的做中学教育思想

杜威把儿童及儿童的活动看作是教育的起点和归宿,在儿童的教育过程中,学校具有传递、交流和发展体验的功能,儿童的认识要得到发展,就需要在教学各环节上贯彻做中学的原则,即教师要通过"做",以激发学生能够积极主动地去体验、去尝试、去改造,同时,也要让学生自己切身实际地去"做",最终获取知识。杜威这一理念对当代美国的教育产生了深远的影响,并对世界各国的学校活动与活动教学产生了深远的影响。① 初中道德与法治课教学,坚持以学生为中心。教师精心设计学习活动,引导学生亲身体验、亲身实践,通过"做"深化理解,通过实际操作检验所学,有效提高学习效率,提升实践能力,实现核心素养的培育。这种方式不仅符合教育规律,更能满足学生成长需求,值得我们持续探索和践行。

（五）皮亚杰认知发展阶段理论

皮亚杰的认知发展阶段理论指出,活动对于儿童的认知发展具有决定性的影响。他提出,人对客观活动的认识是理解的基础,而活动是认识的来源,也是思维发展的基础,思维发展的过程就是儿童不同水平活动内化的结果。

初中道德与法治学习活动设计与实践,是促进学生认识发展的途径与载体。为实现教学目标,教师设计并组织实施一系列学习活动,使学生在参与学习活动的过程中逐步形成正确的价值观。

总之,在初中道德与法治教学中,需要遵循并落实学生主体、生活主题、活动主线的原则进行一系列的学习活动设计与实践,而这些理论与教育思想作为学习活动设计与实践的理论依据,在具体的教学实践中具有重要的指导意义。

---

① ［美］杜威.我的教育信条[M].罗德红,杨小微,译.上海：华东师范大学出版社,2015：91－103.

第一章

学习活动设计的必要性

随着全新课程标准的颁布,以及道德与法治学科核心素养的明确提出,我们深刻地意识到,在现阶段,初中道德与法治课程正站在一个重要的转折点上,同时也正面临着前所未有的挑战和问题。正因如此,进行学习活动的设计与实践显得至关重要,它不仅能帮助我们有效应对这些挑战,更能显著提升道德与法治课程的教学质量,进一步引导学生形成正确的道德与法治观念。这是一场兼具挑战与机遇的教育革新,我们有信心通过不断地实践与探索,使初中道德与法治教育焕发新的生机与活力。

第一节　贯彻党的教育方针

教育是国之大计、党之大计。党和国家历来重视教育在国家发展和民族复兴中的作用。习近平总书记在学校思想政治理论课教师座谈会上的讲话中指出,"办好思想政治理论课,最根本的是要全面贯彻党的教育方针,解决好培养什么人、怎样培养人、为谁培养人这个根本问题"。坚持把立德树人作为根本任务,为建设教育强国确立了行动指南。

一、党的教育方针

党的教育方针是党的理论和路线方针政策在教育领域的集中体现,在教育事业发展中具有根本性地位和作用。它指引着教育事业的发展方向,规定了教育的目标和任务。

（一）教育为社会主义现代化建设服务

党的教育方针明确指出,教育的首要任务是为社会主义现代化建设服务。这一方针体现了教育与社会发展的紧密联系。社会主义现代化建设是国家的重要任务,而教育则是这一任务的基础和支撑。通过教育,我们培养具备专业知识、创新能力和社会责任感的人才,为社会主义现代化建设提供坚实的人才保障。

（二）教育与生产劳动相结合

党的教育方针强调教育与生产劳动相结合。这种结合旨在让学生在学习知识的同时，了解社会生产实际，增强实践能力和创新精神。通过与生产劳动的结合，学生可以更好地将所学知识应用于实践中，提高解决问题的能力，培养适应社会发展的综合素质。

（三）培养德智体美劳全面发展的社会主义建设者和接班人

党的教育方针要求教育要培养德智体美劳全面发展的社会主义建设者和接班人。这意味着，教育不仅要关注学生的知识学习，还要注重学生的道德品质、智慧能力、身体素质、审美情趣和劳动技能的培养。通过全面发展的教育，我们可以塑造出既有扎实专业知识，又有良好道德素养和强健体魄的人才，为社会主义建设提供有力的接班人队伍。

（四）立德树人是教育的根本任务

党的教育方针将立德树人作为教育的根本任务。立德树人强调教育的德育功能，即教育不仅要传授知识，更要培养学生的道德品质和价值观。通过加强德育，我们引导学生树立正确的世界观、人生观和价值观，成为有理想、有本领、有担当的时代新人。

党的教育方针为我国教育事业的发展指明了方向。我们必须认真贯彻落实这一方针，培养符合社会主义现代化建设需要的优秀人才，为实现中华民族伟大复兴的中国梦贡献力量。

二、学习活动设计与教育方针的契合点

教育方针强调"立德树人"，培养学生的核心素养。"立德树人"，要求教育不仅要教授知识技能，更要注重学生道德品质的培养。而道德与法治学科正是实现这一目标的有效途径之一。作为落实立德树人根本任务的关键课程，初中道德与法治学科扮演着塑造学生正确的人生观、世界观和价值观的重要角色，旨在提升学生思想政治素质、道德修养、法治素养和人格修养等，为培养以实现中华民族伟大复兴为己任的有理想、有本领、有担当的时

代新人打下牢固的思想根基。

（一）学习活动设计必须紧密围绕"立德树人"的任务

这意味着学科教学不应仅仅停留在知识的传授层面，更应注重学生品德的养成和法治意识的培养。通过多样化的学习活动，可以有效地引导学生将抽象的道德规范和法律知识转化为具体的行为实践，从而内化为自身的道德修养和法治信仰。

（二）学习活动的设计需体现教育的前瞻性和创新性

面对快速变化的社会环境和复杂多变的国际形势，道德与法治教育不能固守传统的教学模式。教师需要设计出能够激发学生思考、促进学生批判性思维的学习活动。例如，通过开展辩论赛、角色扮演等活动，不仅能够增强学生对法律条文的理解，还能锻炼他们独立思考和公共表达的能力，这对于培养未来社会需要的创新型人才具有重要意义。

（三）学习活动的设计应注重实践性和生活化

道德与法治教育的根本目的在于指导学生的实际行为，而非仅仅满足于理论的掌握。因此，学习活动应紧密结合学生的日常生活和社会实践，让学生在真实的社会环境中形成道德规范和法治精神。通过社区服务、志愿活动等形式，学生能够亲身感受法律对于维护社会秩序、保障公民权利的作用，从而在实践中学习和成长。

（四）学习活动的设计还要考虑到评价的科学性和合理性

评价机制不应单一依赖于考试成绩，而应综合考量学生在活动中的表现。通过对学生参与度、合作态度、问题解决能力等多方面的评价，可以更全面地反映学生的学习效果和道德发展水平。

初中道德与法治学习活动的设计是实现党和国家教育方针、培养德智体美劳全面发展的社会主义建设者和接班人的重要手段。通过精心设计的学习活动，不仅能够帮助学生建立正确的世界观、人生观和价值观，还能够为他们的终身发展和社会的进步贡献积极的力量。因此，学习活动设计的必要性不言而喻，它是连接教育理念与教育实践的桥梁，是培养新时代青少年的关键一环。

第二节　适应课程改革与教学改革的需要

一、课程改革的方向与目标

2023年5月,中华人民共和国教育部办公厅印发《基础教育课程教学改革深化行动方案》通知。《方案》以习近平新时代中国特色社会主义思想为指导,全面贯彻党的教育方针,落实立德树人根本任务,以深入贯彻党中央、国务院关于义务教育、普通高中教育教学改革有关文件精神为出发点,全面实施义务教育、普通高中课程方案和课程标准,突出育人方式改革,引导教师将育人理念转化为实际的教育教学行为,促进学生核心素养发展。

起初,我们以"双基"为起点,犹如稳固的基石,为孩子们构建起扎实的知识体系。而后,我们迈向三维目标的新阶段,这一阶段更加注重学生的全面发展,不仅在知识层面进行深化,更在技能与情感态度上提出了新要求。如今,我们迈入核心素养的新时代,以人为本,关注学生的综合素养与长期发展。

从"双基"到三维目标,再到如今的核心素养,这一演变过程深刻地揭示了课程与教育的发展趋势:从知识本位转向素养本位,由学科本位逐渐转向以人为本。"双基"阶段主要从学科的角度出发,界定了课程与教学的基础内容和要求,它关注的是外在的标准和要求。而随着教育理念的不断进步,我们开始转向三维目标,它在理论上更为全面和深入,试图从多个角度刻画教育的目标。然而,三维目标也存在明显的短板,它未能足够关注教育的内在性、人本性、整体性和终极性,也未能对人的发展内涵,尤其是关键的素质要求进行明确和科学的阐述。

今天,我们进入核心素养时代,这是一个从人的视角出发,全面关注个体发展的阶段。核心素养强调的是人的内在素养和能力,它真正体现了以人为本的教育理念。这一转变,不仅是教育理念的升级,更是对教育本质深入理解的体现。这一转变,我们可以看到教育逐渐从对学科的单纯关注,转向了对人的全面发展的重视。这一转变,既是教育发展的必然趋势,也是社会进步的应有之义。在这个过程中,素养成为了我们衡量教育质量的重要标准,也是我们追求的教育终极目标。

二、教学改革中的学生中心理念

以学生为中心的教学理念的实施是教学改革的重要方向,它要求教育者从根本上重新思考教育的出发点和归宿,以学生的发展为核心,构建更加人性化、个性化和有效的教育模式。

以学生为中心的教学理念,强调的是学生在学习过程中的主体地位。它要求教育者从传统的知识传授者转变为学习的引导者和促进者,而学生则从被动接受者转变为知识的主动探索者和构建者。这一理念的核心在于,教育的目的不仅仅是传授知识,更重要的是培养学生的自主学习能力、批判性思维和创新能力。

第一,以学生为中心的教学理念强调激发学生的学习兴趣和主动性。在传统的教学模式中,教师往往是课堂的主导者,学生则处于被动接受的状态。以学生为中心的教学理念则要求教师在教学过程中更加注重调动学生的积极性和主动性。教师通过创设情境、提出问题、展开讨论等方式,引导学生主动思考和参与课堂活动。

第二,以学生为中心的教学理念注重培养学生的创新能力和实践能力。在当今社会,创新能力和实践能力已经成为了衡量人才的重要标准。以学生为中心的教学理念要求教师在教学过程中通过开展实验、组织实践活动、引导学生参与项目等方式,让学生在实践中发现问题、解决问题,培养创新能力和实践能力。

第三,以学生为中心的教学理念注重营造积极的学习环境。学习环境对学生的学习效果有着至关重要的影响。以学生为中心的教学理念要求教师在教学过程中注重营造积极的学习环境。教师通过组织灵活多样的教学活动、提供良好的学习资源、给予学生充分的自主选择权等方式,让学生感受到学习的自由和乐趣。同时,教师还应关注学生的个体差异和学习需求,为每个学生提供个性化的教学支持。

第四,以学生为中心的教学理念要求教师转变角色。在传统的教学模式中,教师往往是知识的传递者。在以学生为中心的教学理念下,教师转变自己的角色,从知识的传递者转变为学生的引导者和伙伴。教师尊重学生的主体地位,鼓励学生自主探究和合作学习,帮助他们建构自己的知识体系。

三、学习活动设计在课改与教改中的作用

在课程改革和教学改革的进程中,学习活动设计发挥着至关重要的作用。它不仅是连接理念与实践的桥梁,更是推动教育创新和提升教育质量的重要手段。

（一）增强教学针对性和有效性,激发学生学习兴趣

学习活动设计以学生的需求和兴趣为出发点,强调学生的主动参与和经验建构,使学生在学习过程中成为主体。这种设计理念有效地将学生为中心的理念落实到实际教学中,增强学习的针对性和有效性。通过精心设计的学习活动,教师针对学生的不同特点和学习需求,提供个性化的学习内容和方法,提高教学的针对性和有效性。而精心设计的学习活动又能够有效地激发学生的学习兴趣,让学生能够在实际操作中体验到知识的力量,进一步增强他们的学习动力。

（二）实现知识与实践的有效结合,巩固和深化学生的知识理解

学习活动设计强调将知识与现实生活和社会实践相结合,通过案例分析、实地考察等方式,让学生在实践中学习,在学习中实践,增强学习的实用性和意义。活动设计通常是以任务为导向,要求学生在实际操作中运用所

学的知识。这种应用不仅能够帮助学生巩固所学的知识点,还能够促进他们对知识的深入理解和掌握,搭建自己的知识结构。

（三）促进教学方法的多样化和灵活化,促进教师专业发展

学习活动设计鼓励教师采用多种教学方法和策略,使教学更加灵活多样,以更好地适应不同学生的学习风格和节奏。这样的学习活动设计要求教师具备高度的专业素养和创新能力,促使教师不断学习和成长,提升教育教学质量。

（四）建立科学的评价体系,坚持素养导向

学习活动设计倡导多元化、过程性、表现性的评价方式,关注学生的过程表现和能力发展,而非仅仅侧重于结果和分数,这符合党的教育方针和课程教学改革的要求,有助于建立更加科学合理的评价体系,促进学生发展和改进教育教学。

（五）培育核心素养,促进学生全面发展

良好的学习活动设计不仅关注学生的知识掌握情况,还注重培养学生的学习策略、学习能力和价值观。通过引导学生分析问题、解决问题的过程,培养他们的逻辑思维能力、批判性思维和创新能力。此外,学习活动设计还可以融入德育元素,帮助学生在实践中形成良好的道德品质和社会责任感。

学习活动设计在课改和教改中发挥着举足轻重的作用,教师需要充分认识学习活动设计的重要性,并在实践中不断探索和创新,以设计出更加符合学生发展需求的学习活动。

第三节　发挥道德与法治课程育人功能

一、道德与法治课程的育人目标

思政课是落实立德树人根本任务的关键课程,道德与法治课程是义务教育阶段的思政课,为了确保这一关键课程有效发挥其育人功能,我们必须坚定不移地落实立德树人的根本任务。在当前百年未有之大变局的背景下,我们需直面时代带来的机遇与挑战,引导青少年成为能够担当民族复兴大任的有理想、有本领、有担当的社会主义建设者和接班人。

道德与法治课程不仅要致力于落实立德树人的根本任务,更要结合时代机遇和挑战,将新时代的育人目标具体化为课程的核心素养。课程标准提出:"核心素养是课程育人价值的集中体现,主要包括政治认同、道德修养、法治观念、健全人格、责任意识。"我们需要在具体的课程核心素养中探寻育人目标的共性,同时也要透过这些表象看到育人目标的本质。育人目标的内涵需要通过课程核心素养来具体化和展现,我们需要紧扣育人目标的内涵,不断拓展和丰富课程核心素养的外延,以全面而深入地理解道德与法治课程核心素养的深刻意义。

二、学习活动设计在道德与法治课程中的运用

在道德与法治课程中,学习活动设计是至关重要的一环。它不仅是实现教学目标的有效途径,也是激发学生学习兴趣、培养学生综合素质的关键手段。通过精心设计的学习活动,可以使学生更加深入地理解道德规范和法治理念,形成正确的世界观、人生观和价值观。

从学习活动设计与实践指向的知识来看,道德与法治学习活动的设计紧密结合教材内容,确保学生系统地掌握学科基本知识。这些知识不仅包

括法律法规、道德规范等显性知识,更包括隐藏在其中的价值观念、社会责任感等隐性知识。通过精心设计的学习活动,学生可以逐步构建起完整的知识体系,为未来的学习和生活奠定坚实的知识基础和可持续学习的思维方式。

从学习活动设计与实践培养的能力来看,道德与法治学习活动注重培养学生的实践能力、创新能力和团队协作能力。通过多样的学习活动方式,开展丰富多彩的实践活动,学生将所学知识应用于实际情境中,锻炼自己的实践能力。同时,学生在活动中发挥主动性和创造性,提出自己的见解和解决方案,培养他们的创新能力。此外,通过小组合作、角色扮演等形式,帮助学生学会与他人协作,提升团队协作能力。

从学习活动设计与实践形成价值观来看,道德与法治学习活动致力于培养学生的道德情感、法治精神和社会责任感。通过引导学生参与道德讨论、法治学习和宣传等活动,让他们在实践中感受道德的力量和法治的威严,形成正确的、积极向上的价值观。同时,通过关注社会热点问题、参与公益活动等方式,激发学生的社会责任感,使他们意识到自己的言行举止对社会的影响,树立为社会做贡献的志向。

最后,初中道德与法治学习活动的设计与实践还注重与日常生活的紧密联系。教育不应仅仅停留在课堂上,更应贯穿于学生的日常生活中。教师结合学生的生活实际,设计与日常生活密切相关的学习活动主题,如家庭道德规范讨论、校园法治文化建设等,让学生在日常生活中感受和学习道德的力量、法治的威严,形成良好的行为习惯和道德品质。

三、通过学习活动设计提升课程的育人效果

在明确了道德与法治课程的育人目标,并探讨了学习活动设计在课程中的运用之后,我们进一步聚焦如何通过精心设计的学习活动来提升课程的育人效果。这方面的探讨不仅是对前两方面内容的深化,也是确保课程育人功能得到充分发挥的关键环节。

（一）学习活动设计要紧密围绕育人目标

学习活动的设计应当紧密围绕育人目标展开，确保每一项活动都能有效促进学生核心素养的提升。通过具体、生动、贴近学生生活的学习活动，引导学生深入理解道德与法治的理论知识，同时培养他们的实践能力、创新思维和道德品质。

（二）注重学习活动的实践性和体验性

为提升课程的育人效果，学习活动设计应突出实践性和体验性。通过角色扮演、模拟法庭、社会实践等形式，让学生在实践中体验道德与法治的重要性，提高他们的道德判断和法治意识。同时，这些活动也能帮助学生将所学知识内化为自身的行为准则，形成稳定的道德品质和法治观念。

（三）强调学习活动的互动性和合作性

互动性和合作性是提升课程育人效果的重要因素。在学习活动设计中，应鼓励学生之间的交流与合作，培养他们的团队协作能力和沟通能力。通过小组讨论、团队合作等形式，让学生在互动中互相学习、互相启发，共同解决问题，加深对道德与法治课程的理解和认同。

（四）注重学习活动的反馈与调整

为确保学习活动的有效性，教师应注重对学习活动的反馈与调整。通过观察学生的参与情况、评估活动效果等方式，及时发现问题并进行调整。同时，教师还应鼓励学生对学习活动提出意见和建议，以便更好地满足学生的需求和提升活动效果。

总之，通过精心设计的学习活动，我们可以更好地发挥道德与法治课程的育人功能。这些活动不仅能够帮助学生深入理解道德与法治的理论知识，还能培养他们的实践能力、创新思维和道德品质，促进学生的全面发展。

第四节　满足道德与法治课的现实需要

一、当前道德与法治课面临的挑战

（一）课堂教学存在知识本位现象

一些道德与法治课受到了传统应试教育和考试指挥棒的影响，加上社会和学校缺少健全完善的评价机制，过于看重知识的习得，机械地进行习题练习，只注重考试结果。究其根本原因，教师还存在"唯分数论"的误区，存在"知识本位"，没有牢固树立立德树人的根本理念，割裂了教—学—评的一致性，导致学生的近期需求和长期发展产生矛盾。

（二）教学内容偏离教学目标和学生实际

首先，当前道德与法治课教学内容存在偏离教学目标的现象。部分教师在实现教学目标过程中，容易顾此失彼，重视情感渲染，缺少理性思辨。教师们悉心创造了很多的问题和情境，组织了很多活动，让学生在活动中得到了一些直接经验和情感体验，但对于教材的学习内容没有科学地处理和合理运用，最后未能实现教学目标。

其次，道德与法治课学习存在脱离学生实际的问题。学习活动的设计与实践要服务于教学任务的落实和学生的发展，应与学生的现实生活密切相关，并让学生将所学知识应用于现实生活。但是，一些教师在进行教学设计时没有从学生的实际生活出发，缺乏对学情的了解，没有根据学情进行研究与设计，这就造成了学生很难认同和参与到相关的活动中，或者学习仅停留在认知层面，导致知而不信，知而不行。长此以往，不利于学生正确价值观的形成。

（三）教学方式陈旧与枯燥

在初中道德与法治课教学中，教学方式陈旧与枯燥是一个亟待解决的问题。许多教师仍然沿用传统的灌输式教学,这种方法以教师为中心,侧重于知识点的直接传授,而忽视了学生的主体地位和他们的实际需求。

这种教学方式的问题首先体现在它阻碍了学生对知识的深入理解和实际应用。灌输式教学往往只强调知识点的记忆,学生可能能够背诵概念和法律条款,但却难以将这些知识与现实生活联系起来,更谈不上灵活运用。道德与法治教育不仅仅是传授知识,更重要的是培养学生的道德观念、法律意识和公民责任感。如果学生只是被动地接受知识,而没有机会去思考、讨论和实践,那么这些教育的核心目标就很难实现。

其次,道德与法治课程的内容本身就比较抽象和枯燥,如果教学方式不加以创新,学生很容易感到乏味和厌倦。在青春期的学生中,好奇心和探索欲是非常强烈的,他们渴望新鲜、有趣的学习体验。然而,陈旧的教学方式无法满足学生的这种需求,反而可能扼杀他们的学习兴趣和积极性。一旦学生对课程失去了兴趣,那么无论课程内容多么重要,都难以引起他们的重视和投入。

（四）教学评价体系不完善

初中道德与法治课教学中出现学校教学评价体系不完善的问题,会对教学质量和学生的学习效果产生不良影响。

1. 缺乏明确、科学的评价标准和指标

如果评价体系没有明确的评价标准和指标,教师就难以准确把握教学要求,也无法有效地衡量学生的学习成果。只能停留在笔试考查的评价方式上,这导致教学过程中依然存在"以知识为中心"的误区。

2. 评价主体单一,缺乏多元化评价

如果评价体系只关注教师的评价,而忽视了学生的自我评价和同学间的相互评价,那么评价结果就可能不够全面和客观。比如,有些教师把评价重点放在学习活动开展得热不热闹上,忽视学生在活动中的参与度、合作、收获等方面,导致评价结果的偏差,无法真实反映学生的学习情况。

3. 缺乏反馈机制和改进措施

评价体系没有有效的反馈机制和改进措施,那么评价就可能只是一种形式,无法真正促进教学质量的提升。缺少反馈机制的情况下,教师始终受教学课时的制约,即使设计了一些学习活动,也是流于形式,无法看到学生课堂内外的反馈。因此教师无法及时真正了解自己的教学问题,也无法根据学生的反馈调整教学策略,影响教学效果。

(五)其他课程活动及课外实践活动的问题

在初中阶段,对学生进行道德与法治教育的重要性不言而喻。目前道德与法治课的教学实践主要集中在自身课程体系中,对于与其他课程活动以及课外的实践学习活动的融合在一定程度上被忽视了。

1. 缺乏跨学科的融合教学,未能发挥课程间的协同育人作用

中共中央办公厅、国务院办公厅印发的《关于深化新时代学校思想政治理论课改革创新的若干意见》中明确指出,要深度挖掘中小学语文、历史、地理等学科所包含的各种思想政治教育资源,使每一门课程都可以与其进行有效的相互配合,发挥课程的育人功能。道德与法治教育并非孤立的学科,它与其他学科如历史、语文、社会等都有紧密的联系。通过跨学科的教学,可以使学生从不同的角度和层面理解道德与法治知识,加深对其的认识和体验。若能将各门课程中的思政教育资源相互整合,同频共振,形成跨学科横向贯通的协同育人效应,则能达成育人效果。然而,目前的教学中往往缺乏这种跨学科的融合,未能挖掘各课程的协同育人资源,使得道德与法治教育显得孤立和片面。

2. 缺乏课外实践活动的拓展,未能增强学生的真实体验和感悟

道德与法治教育不仅仅是课堂上的知识传授,更重要的是通过实践活动让学生体验和感悟。通过参与社会实践、志愿服务等活动,学生可以亲身感受法治精神和社会道德规范,增强对道德与法治的理解和认同。一些教师会认真研读教材内容,认真进行学习活动设计与呈现形式,对学习活动的内容和进程进行科学合理的安排,却容易忽略对课外实践活动的开展,忽视

学生的生活实际,课堂教学就容易出现空洞说教、乏味枯燥的现象,导致学生缺乏真实体验和感悟。

3. 缺乏家校社协同育人的机制,未能有效整合各方资源

道德与法治教育需要家庭、学校和社会三方面的共同参与和配合。家庭是学生成长的第一课堂,学校是学生接受教育的主要场所,社会则是学生实践的大舞台。只有三方协同育人,才能形成教育合力,提高道德与法治教育的效果。目前的教学中往往缺乏这种协同育人的机制,导致教育资源和力量无法得到有效整合和利用。

二、学习活动设计在提高课堂教学效率中的作用

学习活动设计在提高课堂教学效率方面扮演着至关重要的角色。学习活动设计不仅仅是课堂教学的一部分,更是实现教学目标、促进学生主动参与和深度学习的重要手段。

(一)明确教学目标,引导学习方向

学习活动设计的首要任务是明确教学目标。通过清晰、具体的教学目标,教师可以引导学生明确学习方向,使学生对学习内容有一个整体的认识和把握。这有助于学生更快地进入学习状态,提高学习效率。

(二)激发学生的学习兴趣和动力

有趣、实用的学习活动设计能够激发学生的学习兴趣和动力。当学习活动与学生的生活经验、兴趣爱好紧密相关时,学生更容易产生共鸣,积极参与其中。这种积极的学习态度有助于提高学生的学习效率,促进课堂互动和交流。

(三)促进学生的主动参与和深度学习

学习活动设计注重学生的主体地位,鼓励学生主动参与学习过程。通过设计多样化的学习活动,如小组讨论、案例分析、角色扮演、社会实践等,可以让学生在实践中学习、在合作中进步。这种主动参与的学习方式有助于学生深入理解知识,形成自己的思考和见解,实现深度学习。

（四）培养学生的自主学习能力和创新能力

学习活动设计关注学生的自主学习能力和创新能力的培养。通过设计开放性的学习任务和探究性问题，引导学生自主思考、自主探究，培养学生的自主学习能力。同时，鼓励学生提出自己的观点和想法，尊重学生的创新精神，培养学生的创新能力。

（五）提高课堂互动和合作效果

学习活动设计可以促进课堂互动和合作效果的提高。通过设计小组活动、角色扮演等合作学习方式，让学生在互动中交流思想、分享经验，形成学习共同体。这种合作学习方式有助于培养学生的团队协作能力和沟通能力，提高课堂教学整体效果。

三、创新教学方式以适应课堂现实需求

随着社会的不断进步和技术的快速发展，传统的教学方式已经难以满足现代课堂的需求。通过创新教学方式以适应课堂现实需求是教育领域持续发展的重要议题。

（一）以学生为中心，构建个性化学习模式

在现代课堂中，学生个体的差异性和多元化特点越来越显著。为更好地满足学生的需求，教师应以学生为中心，构建个性化学习模式。通过深入了解学生的兴趣爱好、学习风格和能力水平，教师应设计更具针对性的教学活动，使每个学生都能在自己擅长的领域得到发展，提高学习效果。

（二）运用信息技术，打造智慧课堂

信息技术的快速发展为教学方式创新提供了有力支持。教师利用多媒体、网络、人工智能等信息技术手段，打造智慧课堂，实现教学资源的共享和优化配置。例如，利用大数据分析学生的学习情况，为教师提供精准的教学反馈；利用虚拟现实（VR）和增强现实（AR）技术模拟真实场景，帮助学生更好地理解和掌握知识。

（三）倡导合作学习，培养团队协作能力

合作学习是一种有效的教学方式，能够培养学生的团队协作能力和沟通能力。教师通过议题式、项目式学习等方式，让学生在合作中共同完成任务，分享知识和经验。这种方式不仅能够提高学生的参与度，还能够培养学生的责任感和集体荣誉感，促进班级和谐氛围的形成。

（四）注重实践探究，培养创新能力

实践探究是培养学生创新能力的重要途径。教师通过设计实验、调查、社会实践等活动，让学生在实践中发现问题、解决问题，培养学生的实践能力和创新思维。同时，教师还可以鼓励学生敢于尝试新的方法和思路，尊重他们的创新精神，为学生提供展示自己才华的舞台。

（五）持续反思与改进，优化教学方式

创新教学方式是一个持续的过程，需要教师不断反思和改进。在教学过程中，教师应关注学生的学习反馈和学习效果，及时调整教学策略和方法。同时，教师还应关注教育领域的最新动态和研究成果，不断学习和借鉴先进的教学理念和经验，以优化自己的教学方式。

第五节　促进学生全面发展

一、学生全面发展的内涵与要求

习近平总书记指出,培养什么人,是教育的首要问题。今天我们需要培养德智体美劳全面发展的社会主义建设者和接班人。德智体美劳全面发展,这是经过长期总结摸索得出的结论,学生需要在这五个方面都得到充分发展,成为社会主义建设者和接班人,成为对社会有用的人,成为国家的栋梁之材。

"德,乃才之统帅。"青少年的健康成长,首先由思想道德引领,这是塑造他们未来人生角色的基石。德育的精髓在于坚持先成人后成才的原则,致力于培养怀揣大爱、大德、大情怀的个体,塑造具备崇高理想信念、深沉爱国情怀和高尚品德的社会主义建设者和接班人。

"才,为德之依托。"知识与才能是青少年能力形成的核心要素,决定了他们未来能够胜任何种职责。智育的实质,在于紧密围绕全面建设社会主义现代化国家的宏伟目标,致力于培育一批能够满足国家发展战略需求,符合社会发展实际需要,兼具创新精神、扎实技能和独特专长的多元化专业技术人才。

我们同样不能忽视体育、美育和劳育的重要性。这三者是青少年全面发展的重要组成部分,它们相辅相成,共同构成了完整的教育体系。体育不仅锻炼身体,更磨砺意志,培养坚韧不拔的精神;美育提升审美,丰富心灵,塑造优雅人生;劳育则教会青少年尊重劳动、热爱劳动,培养他们勤劳、踏实的品质。一个真正全面发展的人,必定是身心健康、品德高尚、知识丰富、技能精湛、审美情趣高雅、劳动习惯良好的人。因此,在培养全面发展的人的过程中,我们必须注重体育、美育、劳育的均衡发展,确保青少年在各个方面都能得到充分的锻炼和培养,成为国家的栋梁之材。

二、学习活动设计与学生能力培养的关联

(一)学习活动设计促进学生主体性的发展

有效的学习活动设计强调学生的参与和互动,通过创设问题情境、开展合作学习、实施项目探究等方式,激发学生的学习兴趣和积极性,使他们从被动接受知识转变为主动探索知识。这种转变有助于学生形成独立思考、自主学习的能力,为他们的终身学习和持续发展奠定基础。

(二)学习活动设计强化学生的实践能力

学习活动设计注重实践性和应用性,通过组织实验、社会实践、志愿服务等活动,让学生在实践中学习和体验,将理论知识与实际应用相结合。这种设计不仅有助于学生巩固和深化所学知识,还能培养他们的动手能力和解决问题的能力,使他们能够更好地适应未来社会的需求。

(三)学习活动设计激发学生的创新思维

创新是现代社会对人才的重要要求之一。学习活动设计通过鼓励学生提出新问题、探索新领域、采用新方法等方式,激发他们的创新思维和创造力。同时,通过设计开放性、探究性的学习任务,让学生在解决问题的过程中不断尝试、不断创新,培养他们的创新精神和创新能力。

(四)学习活动设计与能力培养相互促进

学习活动设计与能力培养之间存在着相互促进的关系。一方面,合理的学习活动设计能够促进学生各项能力的发展;另一方面,学生能力的提升又能反过来推动学习活动设计的不断优化和创新。因此,在教育教学过程中,教师应不断反思和调整学习活动设计,以适应学生能力发展的需求,实现教育教学的良性循环。

三、通过多元化活动设计促进学生的全面发展

多元化活动设计是指在教学过程中,教师根据不同的学习内容,依据学

生的兴趣、能力和学习需求,采用多种不同的学习活动形式和方法,丰富学生的学习体验,激发他们的学习兴趣,促进他们的全面发展。

多元化活动设计的重要性不言而喻。首先,它能够激发学生的学习兴趣和积极性,使学生在轻松愉悦的氛围中主动学习、乐于学习。其次,它能够促进学生的全面发展。最后,它还能够培养学生的创新精神和实践能力,为他们未来的学习和生活奠定坚实的基础。

第二章

案例式学习活动设计与实践

第一节　案例式学习活动的内涵与应用

一、案例式学习的内涵

案例式学习,是指通过引入真实或模拟的案例情境,强调将理论知识与实际情境相结合,让学生沉浸其中,通过分析案例、解决问题以更好地理解、掌握和应用所学知识、培养技能和塑造价值观的一种教学方法。案例式学习在大学各学科中都有广泛的应用,如法学、商学、心理学、教育学等。课程标准指出:注重案例教学,选择、设计和运用个人和社会生活中的典型实例,鼓励学生探究、讨论,提高学生的价值辨析能力。

案例式学习追溯其源头,源于 19 世纪末期,哈佛商学院兰德尔(Christopher Columbus Langdell)教授认为传统的理论教学方法过于抽象,学生难以理解和应用。为了打破传统法学教育的枯燥,开始采用真实案例分析的方式引导学生思考和解决问题,培养学生批判性思维和实务能力。此后,案例式学习逐渐风靡全球,广泛应用于商学、法律、医学、心理学、教育学等学科领域。在 20 世纪,案例式学习在全球范围内得到了推广,成为一种重要的学习方法。

二、案例式学习的特点

案例式学习有何独特之处,使之深受青睐? 通过实践探究发现其独特之处在于以下几个方面。

（一）真实性与沉浸感

案例取材于现实社会生活,真实典型,富有时代特点。相较于抽象的基本概念、原理和理论,学生置身于真实、具体的情境时,更易于理解和代入,能充分激发学习兴趣。

（二）主动探究与批判思考

学生不再是单纯的知识接受者，被动地接受知识，而是成为主角，主动参与其中，分析案例细节，学习如何识别问题、分析原因、制定解决方案等。学生的批判性思维、自主学习能力、创新思维和解决问题的能力得到提升。

（三）学科融合与问题解决

案例往往涉及多学科知识和现实问题解决，学生需要调动所学的各学科知识，调动各种技能，进行综合分析、思考、判断等，锻炼分析、决策、沟通等能力，提高其综合素质和知识水平。

（四）价值观塑造与社会责任

通过案例式的学习活动，学生会反思社会伦理、法律法规，在运用所学知识和方法分析案例的同时，能够延伸到社会现象，从而反思自己的行为，在解决问题的同时，树立正确的价值观，增强社会责任感。

可见，案例式学习是一种真实性、实践性、互动性、合作性强的学习方式，能够帮助学生提高实践能力、自主学习能力、社交能力、解决问题能力和知识整合能力。

案例式学习的有效性已得到广泛认可，不仅在商学、法学、心理学、教育学等专业领域发挥着重要作用，更逐渐拓展到其他学科。

三、道德与法治学科的案例式学习应用

案例式学习在道德与法治学科中发挥着独特的作用，各个学习内容板块都可以应用，起到很好的效果。

活动一　义务教育教科书（五·四学制）七年级全一册第四单元《走进法治天地》

本单元是对青少年学生进行法治教育。青少年受生理、心理发展的限制，辨别是非的能力不强，法治观念淡薄。因此，需要从学生的生活经验入手，让学生感受法律与生活密不可分，理解法律对生活的保障作用，感受法律对青少年的关爱，引导他们在生活中自觉守法、遇事找法、解决问题靠法。

1. 活动目标：分析校园欺凌案例，培养同理心，增强法律意识，懂法守法，善于用法。

2. 案例背景：中学生小明性格内向，学习成绩不理想，经常遭到其他同学的欺负，被取绰号、排斥孤立，甚至遭受肢体暴力。

3. 案例学习步骤：

（1）案例文本阅读：学生阅读描述校园欺凌事件的真实案例或模拟情境，体会受害者的内心感受和处境。

（2）同理心讨论：引导学生站在小明的角度思考和表达感受，体会欺凌行为带来的伤害，培养换位思考能力和同理心。

（3）法律支撑：学生寻找关于校园欺凌的相关法律法规，在课堂进行交流学习，了解分析受害者、施暴者和旁观者应该承担的责任和后果。

（4）角色扮演：学生分组扮演不同角色，模拟处理校园欺凌事件的过程，练习并掌握沟通、劝阻、寻求帮助等技能。

（5）反思行动：学生结合案例分享自己的想法和经验，探讨如何预防校园欺凌，构建和谐友爱的班级氛围。

运用校园欺凌案例进行学习活动的设计，学生不仅了解了相关法律法规，更培养了同理心、社会责任感和解决冲突的能力，学会用正确的方式维护自己的权益和同学的安全。具体表现在：

第一，具体化和实际化法治教育。法治教育通常涉及一些抽象的法律原则和规定，这对于初中生来说比较枯燥和晦涩，可能难以理解。运用并分析校园欺凌的具体案例，在具体的案例中理解法律、如何使用法律等，能让学生更加直观地了解法治的重要性和必要性。

第二，增强学生的情感体验。校园欺凌案例往往涉及学生的切身利益和情感体验，因此容易引起学生的共鸣。通过分析和讨论这些案例，学生能够更加深入地认识到欺凌行为的危害性和违法性，从而增强学生的法治意识，更能在生活中运用法律保护自己。

第三，培养学生的批判性思维。在分析校园欺凌案例的过程中，学生需要从多个角度分析问题,提出解决方案。这有助于培养学生的批判性思维,更好地理解和运用法律知识去解决生活中的实际问题。

第四,提升学生的法律实践能力。通过案例式学习,学生可以学习到如何运用法律知识解决实际问题的方法,从而提升其法律实践能力。这对于学生未来的生活和工作都具有重要意义。

第五,促进师生更好地互动和沟通。在分析校园欺凌案例的过程中,教师需要与学生进行积极的互动和沟通,了解学生的想法和困惑,从而提供有针对性的指导,这有助于增进师生之间的了解和信任,提高教学效果。

活动二　义务教育教科书(五·四学制)八年级上册第一单元《走进社会生活》第二课《网络生活新空间》

今天的中学生身处经济全球化和社会信息化的大背景下,他们是互联网世界的"原住民",享受着经济全球化和互联网技术发展带来的各种便利。但信息时代也存在着各种冲突和风险,这是一个机遇与挑战并存的时代。道德与法治课程为他们提供建构认识社会的科学框架,让学生在基于生活经验的基础上,走进社会、认识社会、理解社会、参与社会,从而学会做一个守法、理性、负责的信息时代的合格公民。

1. 活动目标:探讨新闻伦理案例,树立正确价值观和网络媒介素养。

2. 案例背景:某媒体报道了一起未经核实的新闻,导致当事人声誉受损,引发舆论争议。

3. 案例学习步骤:

(1)案例分析:学生阅读新闻报道和相关评论,分析信息来源、报道角度、事实准确性等方面的问题。

(2)伦理讨论:引导学生思考媒体在新闻报道中的伦理责任,探讨什么是客观公正的新闻报道,如何避免偏见和失实信息。

(3)法律解读:教师讲解新闻出版相关的法律法规,以及媒体在报道过程中应该遵守的职业道德和行为准则。

（4）模拟采访：学生分组模拟记者采访新闻事件，练习采访技巧、信息核实和平衡报道等能力。

（5）反思行动：学生反思自己在信息接收和传播中的角色，思考如何甄别网络信息，树立正确的价值观和媒介素养。

通过探讨新闻伦理案例，学生不仅增强了对新闻媒体的批判性思考能力，更树立了正确的价值观和网络媒介素养，学会负责任地接收和传播信息，避免被虚假信息误导，促进全面发展。具体表现在：

第一，培养批判性思维与道德判断力。新闻伦理案例往往涉及复杂的道德和伦理问题。通过分析这些案例，学生可以学会批判性地思考新闻事件背后的伦理问题，形成自己的道德判断力，从而在遇到类似问题时能够做出明智的选择。

第二，增强社会责任感。新闻媒介作为社会公器，承担着传递信息、引导舆论的社会责任。通过探讨新闻伦理案例，学生可以认识到作为新闻消费者和生产者的社会责任，学会在信息传播中保持公正、客观和真实，不传播虚假信息，不参与网络谣言。

第三，树立正确的价值观。新闻伦理案例往往涉及价值观冲突和道德选择。通过分析这些案例，学生可以深入思考什么是正确的价值观，如何在面对不同价值观冲突时做出正确选择，从而树立健康、积极、向上的价值观。

第四，提升网络媒介素养。在当今信息时代，网络媒介已成为人们获取信息的主要渠道。通过探讨新闻伦理案例，学生可以学会如何识别信息的真伪、判断信息的来源和可靠性，避免受到不良信息的干扰和影响，从而提升自己的网络媒介素养。

第五，促进师生互动与合作学习。案例式学习活动设计鼓励师生互动和合作学习。在讨论和分析新闻伦理案例的过程中，教师可以引导学生深入思考问题，鼓励学生发表自己的观点和看法，同时也可以通过小组讨论等形式促进学生的合作学习，提高学生的参与度和学习效果。

　　以上两个案例只是道德与法治教学中运用案例式学习的冰山一角，还有许多其他主题和案例可以结合本学科的特点进行深入探索。案例式学习在道德与法治教学中行之有效，能显著提升学生的学习兴趣、批判性思维、法治意识和道德素养。然而，随着教学实践的深入，案例式学习也面临着一些挑战，需要教师不断优化和改进，我们将在下一节探讨。

第二节 案例式学习活动现存的问题

案例式学习固然拥有诸多优势,但在实际教学中也面临着一些不容忽视的挑战。这些挑战主要可归纳为以下四个方面。

一、案例质量

选择合适的案例对于确保教学效果至关重要,因为它不仅能够帮助学生理解抽象的理论知识,还能够激发学生的学习兴趣,提升他们分析和解决问题的能力,但实际操作中往往面临多重困难和挑战。

（一）案例选择缺乏代表性

案例式学习中案例需要具有代表性,能够反映出道德与法治学科的核心概念和理论。这就要求教师在众多社会现象和问题中筛选出既符合教学目标又具有普遍意义的案例。然而,由于道德与法治学科的广泛性和深度,找到这样的案例并非易事。

首先,缺乏代表性的案例可能无法全面反映道德与法治课程的核心内容和理论知识。道德与法治课程通常涉及广泛的社会、政治、历史和文化等领域,要求学生通过学习能够全面理解和把握这些领域的基本概念、原理和价值观。如果所选的案例不能充分代表这些领域的特点和问题,学生可能无法全面了解和掌握相关的理论知识,导致对课程的理解出现偏差。

其次,缺乏代表性的案例可能无法引起学生的兴趣和参与。学生通常更倾向于讨论与他们生活、学习和社会热点相关的话题。如果所选的案例缺乏代表性,无法反映学生所关注的问题和兴趣点,学生可能对案例的讨论缺乏兴趣,参与度不高,从而影响案例式学习的效果。

最后,缺乏代表性的案例还可能限制学生的思维广度和深度。案例式学习的目的是通过具体的案例来引导学生深入思考和分析问题,培养他们的批判性思维和分析能力。然而,如果案例缺乏代表性,学生只能接触到有限的问题和观点,无法从更广阔的视角来审视和思考问题,限制了他们的思维广度和深度。

(二)案例选择缺乏真实性

如果案例是虚构的或者与实际情况有较大出入,学生可能很难感受到问题的真实性和紧迫性。这样的案例往往缺乏情感共鸣点,无法触动学生的内心,导致他们对案例的讨论和思考缺乏热情。

首先,缺乏真实性的案例可能会误导学生。如果案例中的信息不准确或者夸大了某些事实,学生可能会基于错误的信息形成错误的观念。这样的案例不仅无法帮助学生正确理解道德与法治课程的理论知识,反而可能给他们带来困惑和误解。

其次,缺乏真实性的案例还可能削弱案例式学习的教育价值。案例式学习的目的之一是让学生通过分析真实的社会现象和问题,提升他们的批判性思维和分析能力,从而培养解决问题的能力。然而,如果案例是虚构的,学生可能无法从中学到真正有用的知识和技能。这样的案例式学习可能只是形式主义,无法达到预期的教育效果。

(三)案例选择缺乏时效性

如果案例缺乏时效性,就会面临一些重要问题,这些问题可能会影响到学生的学习效果和课程的实际意义。

首先,道德与法治学科与社会政治、经济、文化等方面紧密相关,因此案例需要能够反映出当前的社会热点和时代特征。道德与法治课程具有很强的时代性和现实性,需要与时俱进,紧密关注社会发展变化。然而,如果案例过于陈旧,无法反映当前的社会现象和问题,学生就会失去对案例的兴趣,认为案例与现实生活脱节,从而降低学习的积极性和参与度。

其次,缺乏时效性的案例可能无法提供有效的实践经验。案例式学习的目的是通过具体的案例来引导学生将理论知识应用到实际生活中,提升他们的实践能力和解决问题的能力。然而,如果案例过于陈旧,其中的实践经验可能已经过时或不再适用,学生无法从中获得有效的实践经验和启示,导致案例式学习的效果不佳。

（四）案例选择缺乏教育性

在道德与法治课的案例式学习中,如果案例缺乏教育性,就会导致学习效果不佳,无法实现道德与法治课程的教育目标。很多教师选择的案例过于简单或肤浅,缺乏深度和内涵。有些案例可能只是为了迎合学生的兴趣或满足教学要求而随意选取的,没有经过深入思考和严格筛选。这样的案例往往缺乏深度和内涵,无法引起学生的共鸣和思考,更无法起到教育引导的作用。

还有一些案例可能偏离学科的教育目标,缺乏正确的价值导向。道德与法治课程的目标是培养学生的思想政治素质,引导他们树立正确的世界观、人生观和价值观。然而,如果所选的案例与这些目标相悖或无关,甚至存在错误的价值观,就会误导学生,导致教育目标的偏离。

综上所述,案例选择的难度在于需要在代表性、时效性、真实性和教育性之间找到平衡点,需要教师具备敏锐的社会洞察力和丰富的教学经验,才能够选出合适的案例,确保案例式学习的效果。

二、教师能力

教师是案例式学习活动的核心要素,其专业素养和教学能力直接影响着学习效果。然而,部分教师在运用案例式教学时,存在能力不足的问题,这不仅影响了案例式学习的效果,也可能制约学生在道德与法治课上的深度参与和理解。

（一）案例设计和使用经验不足

部分教师缺乏案例设计和使用的经验,难以将案例与教学内容有机结合,无法引导学生有效讨论和分析,影响了案例的教学效果。

首先,案例设计不够精准和专业。由于缺乏足够的案例设计和使用经验,教师在选择和设计案例时可能无法准确地把握案例与课程内容的契合度,导致案例与教学目标和知识的关联不够紧密。学生在学习过程中难以将案例与所学知识有效联系起来,降低了案例式学习的效果。

其次,案例使用方式单一,缺乏创新。由于缺乏经验,教师在使用案例时可能过于依赖传统的讲述方式,缺乏多样性和互动性。这样的方式可能无法激发学生的学习兴趣和积极性,导致课堂氛围沉闷,学生参与度不高。

最后,教师在案例设计中还可能面临案例更新和维护的挑战。由于缺乏足够的经验,加上道德与法治课对时效性的要求,教师可能无法及时跟踪社会热点和时事变化,对案例进行及时更新和改造。这可能导致案例内容陈旧,无法反映最新的社会现象和问题,降低了案例式学习的时效性和吸引力。

(二)课堂管理能力欠佳

在案例式学习实施过程中,教师的指导和管理至关重要,每一个环节都需要教师的指导和引导。但是,现在的案例式学习中一些教师难以把控课堂,不能为学生提供系统的案例式学习指导,引导学生主动积极参与其中。

在案例式学习实施前,教师要根据教学内容、目标和学生的认知实际合理制定各阶段的任务,使得学生能清晰知道自己在各阶段的任务要求;需要事先设计一系列有针对性的问题,引导学生围绕核心问题展开讨论。但是一些教师没有做好充分的准备,没有将案例和学习内容、学生实际等充分结合,在布置案例学习任务时,没有清晰地说明各阶段的任务目标、要求和期望成果,这可能导致学生在学习案例时感到困惑,无法有效地开展研究和分析。一些教师没有设定明确的讨论框架或问题导向,学生可能会自由发挥,讨论的内容可能会变得杂乱无章,难以形成深入且系统的思考。

在讨论阶段,教师的互动引导至关重要。如果教师在这方面表现不足,可能会导致讨论偏离主题,无法达到预期的效果。在课堂讨论案例的过程中,学生有时可能会因为个人兴趣或理解偏差而偏离主题,如果教师没有及时觉察并引导学生回归主题,讨论可能会逐渐偏离核心主题,偏离学习内容,导致讨论效果不佳。

另外,还存在着教师缺乏对学生讨论的及时回应和引导的问题。在讨论中,学生可能会提出各种观点和疑问,需要教师的及时回应和引导。如果教师无法对学生的发言给予足够的关注,或者回应不够准确、具体,可能会导致学生感到沮丧或困惑,影响讨论的深入进行。这种情况可能会对学生的学习积极性和参与度产生负面影响。

（三）案例总结能力不强

在案例总结阶段,教师的总结能力至关重要。如果教师的总结不全面,学生可能无法对案例形成深刻的理解,也无法有效地将所学知识应用到实际中。

一些教师在学习结束时没有全面地总结案例的要点和启示。案例学习的一个重要目的是通过具体实例来深化对理论知识的理解和应用。如果教师在总结阶段只是简单地复述案例内容,而没有深入挖掘案例背后的深层含义和启示,学生可能只停留在表面了解,无法真正领会案例的价值。案例学习的一个重要环节是将实际案例与所学的理论知识进行对接,从而加深对所学内容的理解和应用。如果教师在总结阶段没有做到这一点,或者只是简单地将案例与理论进行堆砌,而没有进行深入的分析和联系,学生可能无法真正掌握理论知识的精髓和应用方法,更别谈将其应用在实际生活中了。

例如,在学习《延续文化血脉》时,教师选择了"互联网时代的中华优秀传统文化传承和传播"作为案例。在案例总结阶段,如果教师只是简单地复述案例内容,而没有全面总结案例中涉及的优秀传统文化传播方式、影响以及挑战等要点,学生可能只是了解了案例的表面情况,无法深入领会其背后的深层含义。此外,如果教师在总结阶段没有将案例与所学的中华优秀传统文化的创造性转化和创新性发展进行有效的联系和分析,学生可能无法真正理解如何在互联网时代背景下更好地将中华优秀传统文化进行创造性转化和创新性发展,更不会在实际生活中进行实践。

（四）评估和反馈缺乏针对性

在案例式学习中，部分教师缺乏对案例学习成效的有效评估方法，难以准确判断学生是否真正掌握了相关知识和技能。当评估方法不足时，教师往往只能依赖简单的事实知识考查来评价学生的学习效果，而这种方式很难全面反映学生对案例的深入分析能力、批判性思考以及价值观反思等核心能力。

1. 评估方法的局限性

其一，以事实知识考查为主，缺乏深度分析。许多教师倾向于通过传统的考试或测验来评估学生的学习成效，这些方式主要侧重于事实性知识的记忆和复述，无法评估学生对案例背后复杂问题的洞察力和分析能力，也无法衡量他们是否能够从案例中提炼出深刻的见解。

其二，批判性思考和价值观反思的缺失。有效的案例学习需要学生具备批判性思考的能力，能够对案例进行多角度的分析和评价，并在此基础上进行价值观的反思。然而，传统的评估方法往往无法充分评估学生的高阶思维能力。

2. 缺乏个性化反馈，反馈不及时

当评估方法不足时，教师往往只能提供一般性的反馈，而无法针对每个学生的具体情况和需求给予个性化的指导、提供针对性的反馈和建议，这限制了学生个性化发展的可能性。这种缺乏个性化反馈的情况，对学生个体的发展会产生负面影响。每个学生都有自己独特的学习风格、兴趣点和优势领域。如果教师无法提供针对性的反馈和建议，学生就难以发现自己的潜力和特长，也无法在自己的优势领域得到进一步的提升和发展。

反馈不及时可能导致学生错过改进的机会。在案例分析过程中，学生通常需要根据案例材料进行分析、提炼观点并做出判断。如果教师在学生完成分析后无法及时给予反馈，学生就无法及时了解自己在分析过程中的优点和不足，也就无法及时调整和改进。这可能会导致学生在后续的学习中重复犯错，影响学习效果。另外，反馈不及时还可能会影响学生的学习动力。学生在完成案例分析后,通常期待得到教师的评价和建议。如果教师迟迟不给予反馈,学生可能会感到自己的努力没有得到认可,从而降低学习动力。长期下来,学生可能会对案例分析产生抵触情绪,不愿意积极参与。

例如,在学习《坚持绿色发展道路》时,教师选择了"浙江安吉余村的发展道路"作为案例。学生分组后,对案例进行了深入的分析和讨论,分析余村致富的两条不同道路,并提出了未来余村可持续发展的解决方案。然而,在案例分析阶段结束后,教师由于种种原因未能及时给予学生反馈。这导致学生无法及时了解自己在分析过程中的表现和改进方向。在后续的学习中,学生可能会因为缺乏明确的指导而陷入迷茫,无法有效提升自己的能力。

由于缺乏及时、明确的反馈,学生会感到困惑和迷茫,不知道该如何进一步提升自己的能力。他们可能在不同案例之间徘徊,试图摸索出有效的学习方法,但往往事倍功半,效率低下。这种状态长期持续下去,不仅会影响学生的学习积极性和自信心,还可能导致他们在后续学习中失去方向,学习停滞不前。

三、学生因素

(一)主动学习和探究意识不足

部分学生习惯被动学习,依赖灌输式教学,难以适应案例式学习的主动探索和批判思考模式。面对案例中提出的问题和困境,学生可能缺乏主动性,难以提出自己的观点和质疑,只依赖教师的引导和解释。例如,一些学生只专注于案例细节的记忆,难以进行综合分析和深入思考,无法从案例中提炼关键信息和形成独立的见解。

那么,被动学习习惯表现在哪些方面呢?

首先,缺乏主动参与。在案例学习中,学生往往只是被动地接受知识,不主动参与讨论和思考。他们可能只是机械地阅读案例材料,而不进行深入的分析和思考。

其次,缺乏质疑精神。被动学习的学生往往不善于提出问题或质疑现有的观点。他们习惯于接受教师或教材给出的答案,而不是通过自己的思考去探索真相。

最后,缺乏合作精神。在班级和小组讨论中,被动学习的学生可能只是扮演听众的角色,不愿意或不敢发表自己的意见和看法,他们缺乏与其他同学交流和合作的意愿和能力。

被动学习习惯会影响案例式学习的深入开展,其表现在:

第一,阻碍知识理解和应用。被动学习导致学生难以深入理解和应用所学知识。他们可能只是表面上理解了案例的内容,兴趣点只在案例本身,但无法将其与实际生活联系起来,更无法将其转化为自己的见解和能力。

第二,降低学习效果。由于缺乏主动参与和质疑精神,被动学习的学生往往无法获得深刻的学习体验。他们可能只是机械地记忆了一些知识点,但无法真正掌握其背后的逻辑和意义,学习效果无法达成。

第三,影响学习兴趣和动力。被动学习容易让学生感到学习是一种负担而非乐趣,这种学习方式无法激发他们的兴趣,因为被动接受使其无法体会案例式学习带来的快乐和收获,还有可能会使他们对学习产生抵触情绪,缺乏持续学习的动力。

(二)阅读理解能力有限

部分学生阅读能力不足,难以理解复杂案例的内容,影响学习效果和参与度。面对较长的案例文本或充满专业术语的材料,学生可能无法有效阅读和理解,无法参与到案例讨论中来,甚至产生挫败感和抵触情绪。例如,在学习法律内容时,一些学生难以把握法律条文的准确含义,导致他们在案例讨论中对法律适用的分析出现偏差或漏洞。

我们先来分析案例阅读能力不足的表现。

首先,理解表面化。学生在阅读案例时,往往只能理解表面的信息,而无法深入挖掘案例背后的深层含义和逻辑关系。他们可能只关注了案例中的事实和数据,忽视了案例中的人物、背景和情感等因素。

其次,缺乏分析思维。面对复杂的案例,学生往往缺乏系统的分析思维,难以从多个角度和层面对案例进行全面而深入的分析。他们可能只是简单地陈述案例中的事实,没有进行深入的思考和推理。

最后,难以提炼观点。由于阅读能力的不足,学生在阅读案例后往往难以提炼出自己的观点和见解。他们可能只是被动地接受了案例中的观点或结论,没有形成自己的思考和判断。

学生案例阅读能力不足,将导致学习的深度和广度受到影响,表现在:

第一,阻碍学习深入。案例阅读能力不足导致学生难以深入理解和掌握道德与法治课程的核心内容。他们可能只是停留在表面的知识点上,而无法深入探究学科的深层逻辑和价值意义。

第二,限制讨论质量。在案例讨论中,阅读能力不足的学生往往难以提出有深度和见地的观点,这直接影响了讨论的质量和效果。他们可能只是被动地参与讨论,而无法主动地引导和推动讨论的深入发展。

第三,影响学习效果。案例阅读能力不足不仅会影响学生的短期学习效果,还会对其长期发展产生不良影响。他们可能难以适应未来学习和工作中对复杂问题的分析和处理要求。

(三)沟通表达能力和辩论技巧欠缺

部分学生缺乏清晰表达观点和进行辩论的能力,难以对案例中的观点进行有效的论证和回应质疑。在案例讨论过程中,他们可能语言表达不够流畅,观点缺乏逻辑性,难以用准确的语言表述自己的思考和分析,更无法有效回应他人的不同观点或进行辩论。这在一定程度上阻碍了学习的有效开展。沟通能力不仅关乎个人表达,还影响着团队协作和案例讨论的效果。例如,在讨论校园欺凌案例时,一些学生无法清晰表达对受害者的同情和对施暴者的谴责,也难以参与关于预防措施和解决办法的辩论式交流。

那么,在案例式学习活动中沟通能力不足表现在哪些方面呢?

首先,表达不清。有些学生在案例讨论中难以清晰地表达自己的观点,语言组织混乱,导致听众难以理解其真正意图。

其次,缺乏倾听。沟通不仅是说,更是听。部分学生在讨论中过于强调自我表达,忽视了对他人观点的倾听和理解。

最后,团队协作困难。在小组活动中,沟通能力不足的学生往往难以与其他成员有效协作,影响团队整体效率。

沟通能力不足会阻碍学习的有效开展,影响学生知识的获得以及能力的提升,具体表现为:

第一,阻碍知识交流。在案例式学习中,知识的传递和共享很大程度上依赖于有效的沟通。沟通能力不足导致信息传递受阻,影响学习效果。

第二,降低讨论质量。沟通不畅使得讨论难以深入,学生难以从多角度理解和分析案例,导致讨论质量下降。

第三,影响团队协作。在团队项目中,沟通能力不足会破坏团队协作氛围,导致任务分配不均、进度延误等问题。

例如,在一次关于"环境保护和经济发展"的案例讨论中,学生们根据教师的任务分配和问题引导,分组讨论案例具体材料并提出解决方案。团队中,小李对环保政策持有独到见解,但在团队讨论中,小李因沟通能力不足,难以清晰表达自己的观点。他说话时语速过快,缺乏逻辑性,导致团队成员难以理解其真正意图。此外,小李也缺乏倾听他人的耐心,经常打断他人的发言,使得团队氛围紧张。最终,由于沟通不畅,团队未能形成一致的解决方案,影响了学习效果和团队成绩。

四、其他因素

(一)时间限制

在道德与法治课案例式学习中,时间限制是一个普遍存在的困难。由于课堂时间的有限性,教师往往需要在有限的时间内完成案例的讲解、讨论和总结,深入分析和讨论案例可能存在挑战,无法充分发挥案例的教育效果。部分教师为了完成教学进度,压缩案例讨论时间,导致学生无法充分思考和交流,影响学生深入学习和理解案例。下面具体谈谈时间限制在道德与法治课案例式学习中的影响。

首先,案例讲解不深入。由于时间有限,教师可能只能对案例进行简要的介绍和讲解,无法深入探讨案例的背景、细节和涉及的相关理论。这导致学生难以全面理解案例的内涵和价值,也无法将案例与课程内容紧密联系起来。

其次,讨论不充分。在案例讨论环节,时间限制可能导致学生无法充分表达自己的观点和见解。他们只是匆忙地提出一些想法,而没有机会进行深入的思考和辩论。这样一来,讨论的质量和效果将大打折扣,学生也无法从讨论中获得更多的启发和收获。

最后,总结仓促。由于时间紧迫,教师在总结案例时只能简要概括一下学生的讨论内容和观点,无法对案例进行全面的分析和总结。这导致学生无法获得清晰的反馈和指导,也无法对自己的学习成果进行准确的评估。

例如,在学习《开放互动的世界》时,教师选择了一个关于"全球化与文化多样性"的案例,计划在课堂上进行讲解、讨论和总结。然而,由于课堂时间只有 40 分钟,教师需要在有限的时间内完成所有环节。在讲解环节,教师只能简要介绍案例的背景和主要内容,无法深入讲解相关的理论和观点。在讨论环节,学生只能匆忙地提出自己的想法,没有足够的时间进行深入的辩论和思考。在总结环节,教师只能简要概括学生的讨论内容和观点,无法对案例进行全面的分析和总结。这样一来,学生难以全面理解和掌握案例的内涵和价值,也无法达到预期的学习效果。

(二)资源限制

在道德与法治课案例式学习中,缺乏高质量的案例库和教学资源是一个显著的问题,这直接限制了案例式学习的有效实施。具体表现在:

首先,选择受限。当案例库资源有限或质量不高时,教师在选择案例时可能面临较大的限制。他们无法找到与课程内容紧密相关、具有时代性和实际意义的案例,导致案例式教学的内容单调、缺乏吸引力。

其次,影响教学效果。低质量的案例往往缺乏深度和广度,无法涵盖学科课程的核心概念和理论。这导致学生难以通过案例学习深入理解道德与法治学科的相关知识,也无法形成全面而深入的分析和判断能力。

最后,限制讨论深度。在缺乏高质量案例的情况下,学生难以提出有深度和见解的观点。他们可能只是停留在表面的陈述和讨论上,而无法深入探讨案例背后的深层次问题。

综上,道德与法治学科在案例式学习活动设计与实践中遇到诸多问题,使得学习活动的深度和广度受到影响,学生知识的获得、能力的提升没有获得相应效果,我们将在下一节针对问题采取不同策略加以解决。

第三节　案例式学习活动优化策略

案例式学习固然面临一些挑战和困难,但这些并非无法克服。通过优化学习活动设计和实施策略,我们可以发挥案例式学习的独特优势,让它在道德与法治课教学中真正成为激发学生反思、培养学生能力的利器。这一节我们来讨论针对挑战和困难的优化策略。

一、提升案例质量,提供优质学习资源

（一）精准对焦教学目标

案例是教学的工具,其内容和设计应服务于教学目标,明确的教学目标可以帮助教师选择合适的案例,并引导学生进行有效的学习。

在选择案例时,教师应紧密结合教学目标,确保案例内容与所学的知识、技能和价值观相匹配。例如,在探讨未成年人犯罪案例时,选择一个聚焦于辨别责任、理解法律规定的案例,便能有效实现教学目标。

在道德与法治课教学中,教师可以根据教学目标选择不同类型的案例。例如,在学习"诚信"主题时,可以选择一个与诚信相关的案例,如"上海沿街小店无人售卖,全靠顾客自觉"。选择案例时教师要考虑诸多因素,案例中可以提取哪些信息? 案例中的矛盾冲突点在哪里? 来自于不同角色的声音,如何看待此事? 案例中的冲突点采取什么方案解决? 等等。这些问题都是在选择案例时需要考虑的因素,而这些问题的解决都指向课标要求的教学目标和核心素养的培育。

（二）注重真实性与深度

选择真实发生或具有高度仿真性的案例,并提供多视角的信息和材料,让学生看到案例背后的复杂问题。只有真实的案例才能让学生更好地了解社会现实和实际问题,提高他们分析和解决问题的能力。因此,我们在选择

案例时需要确保其来源可靠、数据准确、事实清楚。同时,我们还需要对案例进行审查和核实,避免虚假信息和误导性内容对学生的影响。此外,我们还可以鼓励学生参与案例的调查和研究过程,通过亲身经历和实践来增强案例的真实性和可信度。

真实的案例能够更好地反映社会现实,能引起学生的共鸣,激发他们的参与热情。真实的案例能够为学生提供更加贴近实际的学习体验,增强学生的信任感和认同感,同时培养学生的批判性思维和分析能力。当学生意识到所学习的案例是真实发生的事件时,他们会更加相信案例中所蕴含的知识和价值观,从而更容易接受并内化为自己的信念。这种信任感和认同感对于道德与法治课程的学习至关重要,它有助于学生形成正确的价值观,增强社会责任感。

在面对一个真实案例时,学生需要运用所学的理论知识去分析问题的成因、影响和解决方案,这需要他们进行深入思考,从而走向深度学习。例如,在探讨"环境保护"这一主题时,一个真实的环境污染案例可以引导学生分析污染的原因、影响以及可能的解决方案,从而培养学生的分析能力和解决问题的能力。引入专家访谈、当事人陈述等补充材料,丰富案例的深度和广度。在分析环境污染案例时,除了官方报告,还可以引入环保组织的调查报告和当地居民的访谈,让学生看到不同利益相关方的视角和诉求。真实生动的案例可以吸引学生的注意力,激发他们的学习兴趣。同时,具有深度的案例可以引导学生进行批判性思考,形成自己的观点和见解。

(三)提高代表性和时效性

为提高案例的代表性,我们需要确保所选案例能够全面反映道德与法治学科的核心内容和关键概念。首先,可以优先选择那些涉及重大理论、重要事件或典型现象的案例,以确保案例能够代表道德与法治学科的关键领域和主题。其次,我们还可以鼓励学生参与案例的选择和设计过程,从他们的视角和需求出发,选择更加贴近学生实际、具有普遍意义的案例。这样不仅可以提高学生的参与度和学习兴趣,还能使案例更加具有代表性和说服力。

随着时代的变迁和社会的发展,道德与法治学科的内容也在不断更新和发展。因此,我们需要确保所选案例具有时效性,能够反映最新的理论成果和实践经验。为了实现这一目标,教师要时时关注时势,了解社会各方面的新闻事件,建立案例资源库,并定期更新,及时淘汰过时或陈旧的案例,并引入反映最新理论和实践成果的案例。同时,我们还可以鼓励学生关注时事热点和社会动态,将最新的社会事件和现象纳入案例讨论中,使案例学习更加贴近时代、贴近实际。

例如,在学习"坚持改革开放"内容时,以"改革开放是决定当代中国命运的关键抉择"为例,这是一个涉及中国经济发展历程和成就的主题。改革开放以来,中国经济经历了巨大的变革和发展,取得了举世瞩目的成就。因此,在选择案例时,可以选择具有代表性的经济事件、政策或数据,如农村改革、国有企业改革、经济特区建设、人民生活的改善等,来展示中国经济发展的历程和成就。这样的案例不仅具有代表性,能够全面反映中国经济发展的关键阶段和特征,还能帮助学生深入理解改革开放是决定当代中国命运的关键一招,也是决定实现中华民族伟大复兴的关键一招,增强他们的民族自豪感和自信心。

(四)强化教育性和拓宽广度

案例式学习的目的是提高学生的综合素质和能力水平,培育核心素养。因此,我们需要确保所选案例具有教育性和广度,能够对学生的思想、行为和价值观产生积极的影响。为了实现这一目标,我们可以优先选择那些具有深刻教育意义和启发性的案例。这些案例往往蕴含着丰富的思政教育资源,能够触动学生的心灵,引发他们的共鸣,如反映社会主义核心价值观、弘扬中华优秀传统文化、展示社会进步和人民幸福生活的案例。同时,我们还可以在案例讨论中引导学生进行深入思考和价值判断,帮助他们树立正确的世界观、人生观和价值观。

拓宽案例的广度是指选择的案例应该涵盖多个领域、多个方面,以便学生能够全面了解社会、经济、政治等多个领域的发展状况。这样不仅可以拓宽学生的视野,还能提升他们的综合素质。例如,在讲述"中国特色社会主义政治发展道路"时,我们可以选择一个涉及政治、经济、文化等多个领域的案例。比如,某个地区在推进基层民主自治的过程中,不仅加强了党组织建设,还推动了经济发展、文化繁荣等方面的工作。通过这个案例,学生可以全面了解中国特色社会主义政治发展道路的内涵和要求,增强国家认同感和归属感。

二、提升教师能力,保障教学效果

(一)加强专业培训和实践

案例式学习的方式对教师的能力提出了新的要求,教师需要掌握案例选择、设计、使用和评估等方面的技能,才能为顺利进行案例式学习活动实践提供支持。

1. 定期组织案例式学习培训

组织定期的培训,专注于案例式学习的理论与实践。培训内容包括:案例式教学的基本理论和方法、案例选择与设计、案例教学实施与课堂管理、案例教学评估等。在这些培训中,可以邀请案例式学习领域的专家举办讲座,分享他们的经验和最佳实践。同时,也可以为教师们提供机会,让他们分享自己在案例选择、设计等方面的经验和挑战,从而相互学习和成长。

2. 提供案例式学习指导手册和资源

制定详尽的案例式学习指导手册,为教师们提供明确的指导和建议。这些手册可以包括案例选择的标准、案例设计的步骤、案例使用的技巧以及案例评估的方法等。此外,还可以提供一些优质的案例库和资源链接,方便教师们获取和学习。

3. 实施案例式学习实践项目

鼓励教师们参与案例式学习的实践项目。这些项目可以是真实的课堂实践,也可以是模拟的教学场景。通过这些实践项目,教师们可以将所学的理论知识应用到实际教学中,从而加深理解和提高教学水平。

4. 提供案例式学习评估与反馈

建立一个有效的评估机制,对教师的案例式学习实践进行定期评估。这些评估可以包括案例分析报告的撰写、课堂案例讨论的组织与实施等。通过评估,我们可以了解教师们在案例式学习方面的优势和不足,从而为他们提供有针对性的反馈和建议。

综上,通过这些方法和策略,可以有效地加强教师的专业培训与技能提升,确保他们能够更好地掌握案例选择、设计、使用和评估等方面的技能。这将有助于推动道德与法治课案例式学习的深入发展,提高教学效果和学生满意度。

(二)注重过程管理与课堂互动

案例式学习活动是以学生为中心的教学方式。教师需要营造良好的课堂氛围,鼓励学生积极参与讨论和交流,更好地参与案例讨论,提高学习效果。下面从案例选择准备、分析和总结阶段具体展开谈谈相关的策略。

1. 案例选择准备阶段

(1)明确学习目标和预期成果。在选择案例之前,教师应明确本次案例学习的目标和预期成果,确保所选案例与教学目标紧密相关。

(2)了解学生需求和兴趣。在选择案例时,教师应考虑学生的年龄、背景和兴趣,选择能够引起学生兴趣的案例,提高他们的参与度。

(3)准备相关背景资料和辅助材料。为确保学生对案例有充分的了解,教师应准备相关的背景资料和辅助材料,供学生在讨论前参考。

2. 案例分析讨论阶段

(1)分组与角色分配。根据案例的复杂性和学生的特点,将学生分成若干小组,并为每个小组分配不同的角色(如案例分析师、讨论主持人等),以促进学生间的互动与合作。

(2)引导深入讨论。在讨论过程中,教师应扮演引导者的角色,鼓励学生发表自己的观点,引导他们进行深入分析和思考。同时教师要及时对学生的观点进行反馈,给予学生积极的鼓励和建议。

（3）管理课堂纪律和氛围。教师应确保课堂讨论的秩序和氛围,避免偏离主题的讨论或过于激烈的争论,确保每个学生都有机会发言。

3. 案例总结阶段

（1）总结观点与发现。在案例分析结束后,教师应组织学生进行总结,回顾讨论中的主要观点、争议点和发现,确保学生对讨论内容有清晰的认识。

（2）提供反馈与建议。教师应对学生的讨论表现提供及时的反馈和建议,指出他们在分析、表达和思考方面的优点和不足,帮助他们改进。

（3）关联理论与实际。在总结阶段,教师应引导学生将案例分析与相关理论知识相结合,帮助他们更好地理解和应用所学知识。

（三）发展有效的评估方法

在道德与法治课案例式学习活动中,发展有效的评估方法至关重要。评估不仅应关注学生的学习结果,还应重视他们的学习过程。它能帮助教师了解学生的学习进度、理解程度和应用能力,进而调整教学策略,提高教学效果。以下是对这一策略的具体展开。

1. 明确评估目标

教师首先需要明确评估的目标,即希望通过评估了解学生在哪些方面有所收获,哪些方面需要进一步加强,这有助于指导后续评估工具的设计和实施。

2. 设计多元化的评估项目

（1）案例分析报告。要求学生撰写案例分析报告,可以评估他们对案例的理解深度、分析能力和理论应用水平。报告中可以包括对案例的详细描述、问题分析、解决方案以及结论等部分。

（2）课堂讨论和辩论。通过课堂讨论和辩论,可以评估学生的口头表达能力、逻辑思维和批判性思维。教师可以观察学生的发言内容、表达方式和互动情况,给予相应的反馈。

（3）小组合作项目。在小组合作项目中，可以评估学生的团队合作能力和问题解决能力。教师可以观察学生在小组中的表现，以及他们提交的项目成果。

（4）自我评估和同伴评估。鼓励学生进行自我评估和同伴评估，可以让他们对自己的学习和表现有更清晰的认识。同时，同伴的评估也可以为学生提供不同的视角和建议。

3. 注重过程评估与结果评估相结合

过程评估可以关注学生在学习过程中的表现和努力程度，如参与度、学习态度、合作意愿等。结果评估则侧重于评估学生的学习成果，如案例分析报告的质量、课堂讨论的贡献等。将两者相结合，可以更全面地评价学生的学习效果。

4. 及时反馈与调整教学策略

根据评估结果，教师应及时给予学生反馈，指出他们的优点和不足，并提供改进建议。同时，教师也应根据评估结果调整教学策略，以满足学生的需求和期望。

5. 强化评估的公正性和有效性

为确保评估的公正性和有效性，教师应确保评估标准明确、一致，并在评估过程中保持客观、公正的态度。此外，教师还应定期审查和更新评估方法，以确保它们与教学目标保持一致并适应学生的发展需求。

三、培养学生能力，提升学习动力和活力

（一）引导主动学习和探究

案例式学习活动要求学生积极参与，主动探究。教师可以通过预习指导、问题设置和讨论引导等方式，帮助学生养成主动学习和探究的习惯。

1. 预习指导

在案例式学习活动开始之前，教师可以提供预习指导，帮助学生了解即将学习的内容和目标。预习指导可以包括阅读相关材料、观看视频、收集背

景信息等。通过这种方式,学生可以提前对案例进行思考和准备,为课堂上的主动学习和探究打下基础。

2. 问题设置

在案例式学习中,教师可以设置具有启发性和引导性的问题,激发学生的好奇心和探究欲望。这些问题可以围绕案例的核心内容、争议点或难点展开,鼓励学生深入思考、提出观点和解决方案。通过问题设置,教师可以引导学生主动参与到案例的讨论和分析中,培养他们的批判性思维和创新能力。

3. 讨论引导

课堂讨论是案例式学习活动的重要组成部分。在讨论过程中,教师应发挥引导作用,鼓励学生积极参与、发表观点,并促进不同观点之间的交流和碰撞。教师可以通过提问、引导式回答等方式,帮助学生理清思路、深化理解,并引导他们从多角度、多层次对案例进行分析和探究。同时,教师还应及时给予反馈和评价,激发学生的学习动力和自信心。

4. 营造积极的学习氛围

为了促进学生的主动学习和探究,教师应努力营造一个积极、开放、包容的学习氛围。在这个氛围中,学生应感到安全、自由和被尊重,能够勇于表达自己的想法和观点。教师可以通过鼓励、赞扬和肯定等方式,增强学生的学习动力和自信心,激发他们的探究精神和创新思维。

5. 培养自主学习习惯

除了在课堂上的引导和支持外,教师还应注重培养学生的自主学习习惯。这包括鼓励学生在课后继续对案例进行深入研究、拓展相关知识、参与社会实践等。通过培养学生的自主学习能力,教师可以帮助他们更好地理解和应用所学知识,提高他们的综合素质和社会责任感。

(二)提升阅读和理解能力

1. 选择适合的案例材料

为了提升学生的阅读和理解能力,教师需要选择适合学生的案例材料。这些材料应该具有代表性、典型性和时代性,能够反映社会现实和热点问题,激发学生的学习兴趣和好奇心。同时,材料的难度和篇幅也要适中,以适应学生的阅读能力和理解能力。

2. 引导学生深入阅读

在阅读案例材料的过程中,教师需要引导学生深入阅读,理解材料的背景、情境和关键信息。可以通过提问、讨论等方式,引导学生对材料进行深入分析和思考,帮助他们理解案例的本质和内涵。

3. 培养学生的分析能力

在案例式学习中,教师需要培养学生的分析能力,帮助他们把握案例的核心观点、逻辑关系和分析框架。可以通过组织小组讨论、引导学生提问和反思等方式,培养学生的批判性思维和分析能力,使他们能够更好地理解案例并提出自己的见解。

4. 鼓励课外阅读和实践

除了课堂内的案例学习,教师还应鼓励学生进行课外阅读和实践,以拓宽他们的知识视野、丰富他们的实践经验。可以推荐一些与课程内容相关的书籍、文章或网络资源,引导学生进行自主学习和探究。同时,还可以组织一些实践活动,如社会调查、志愿服务等,让学生将所学知识应用到实际中,加深对知识的理解和掌握。

(三)加强沟通表达和辩论技巧

1. 提供沟通表达和辩论的机会

为学生提供充分的实践机会。可以在课堂上组织学生进行小组讨论、角色扮演、模拟辩论等活动,在实践中锻炼表达和辩论能力。同时,学生还可以参与学校的辩论社团、演讲比赛等活动,拓宽实践平台。

2. 教授沟通和辩论的基本技巧

在进行案例式学习的过程中,教师可以教授学生一些基本的沟通表达和辩论技巧,例如,如何清晰地陈述观点、如何有效地进行论证、如何运用逻辑和事实来支持自己的观点等。这些技巧的学习将有助于学生在沟通和辩论中更加自信、有条理地表达自己的观点。

3. 注重礼仪和尊重他人观点

在沟通和辩论中,礼仪和尊重他人观点同样重要。教师需要教育学生在表达自己观点的同时,也要尊重他人的观点和意见,避免使用攻击性或贬低他人的语言。同时,还需要教育学生遵守沟通和辩论的基本规则,如轮流发言、倾听他人观点等。

4. 给予及时的反馈和指导

为了帮助学生更好地提高自己的沟通表达和辩论技巧,教师需要给予他们及时的反馈和指导。可以在学生发言后给予肯定和鼓励,指出他们在表达和辩论中的优点和不足,并提供改进的建议和方法。同时,还可以针对学生在沟通和辩论中出现的问题进行个别指导,帮助他们解决困难、提高能力。

四、优化其他条件,提供更多支持

(一)合理安排教学时间

在教学计划中留出充足的时间供学生阅读、分析和讨论案例,避免蜻蜓点水式的浅层学习。可以将案例式学习分为多个环节,如预习、课堂讨论、案例分析报告等,为每个环节分配合理的时间。例如,对于一个复杂的社会矛盾案例,可以安排两课时的时间进行深入讨论和辩论,让学生有机会充分思考和交流不同的观点。

(二)拓展案例资源

学校和教师积极拓展案例资源,建立高质量的案例库,涵盖学科的不同主题和难点。教师要从不同渠道获取案例,可以从互联网上搜索案例材料,向其他教师或专家寻求帮助,也可以亲自参与案例开发和分享,不断充实教学内容。

(三)加强技术支持

利用信息技术手段丰富案例学习形式,引入多媒体案例材料、模拟场景和互动工具,提高学生学习兴趣和参与度。例如,通过智慧平台,让学生沉浸式体验案例情境,加深对问题的理解和反思。

第四节　案例式学习活动设计：以"在品味情感中成长"为例

一、课标要求

课程标准对第四学段中"生命安全与健康教育"的课程内容做了如下要求："正确认识顺境和逆境的关系，学会情绪调控，能够正确看待生活中的挫折，具备迎接挑战的能力。"义务教育教科书(五·四学制)《道德与法治》七年级全一册第二单元《做情绪情感的主人》第五课《品出情感的韵味》与课程标准要求符合。我们对第二框"在品味情感中成长"进行如下案例式学习活动设计。

二、教学过程

（一）导入新课

教师活动： 在课堂上对学生进行采访。

采访问题： 在成长过程中，有没有那么一瞬间让你觉得人间值得？你是否感受过身边人带给你的关爱呢？如父母、老师、朋友等，谈谈你的感受。

学生活动： 回顾成长经历，感受身边人带给自己的关爱，明确本节课学习内容"在品味情感中成长"。

设计意图： 唤起学生的美好记忆，学生通过细心观察、回味生活，感受身边人带给自己的各种关爱，沉浸其中，更好地参与课堂学习活动。

（二）人间自有真情在——体味美好情感

教师活动： 展示新闻案例和播放"十元盒饭姐"的视频，并提出"何为'自助'?"这一问题。

新闻案例： 近日，安徽一个工地的自助盒饭摊走红网络。自助盒饭摊提供35个菜,而且基本上都是荤菜,有盐水鸭、红烧肉等,食材新鲜,不够吃还能无限续餐,为的是让工地的农民工能够吃上一顿实惠有营养的午餐。

学生活动:阅读并观看新闻案例,了解自助盒饭的菜色,并回答教师问题。

教师活动:展示学生在校午餐照片,并提出"大家觉得学校这一份午餐需要多少钱?"这一问题。

学生活动:猜测并对比自助盒饭的价格,感受"盒饭姐"王荣亚不仅赢得了公众的敬意,更是向社会传递出满满的正能量。

教师活动:展示学生日常生活照片,并提出"我们除了在日常生活中帮助他人,还可以通过哪些方式获得美好的情感呢?"这一问题。

学生活动:分享交流照片中的故事,并感受从中获得的正面情感(成就感、集体荣誉感、社会责任感、爱国情感)。

设计意图:通过阅读案例材料、观看视频,了解"十元盒饭姐"新闻的背景;通过猜测自助盒饭的价格,感受"盒饭姐"此举向社会传递出的满满正能量;通过欣赏同伴日常生活照片,理解获得美好情感的途径是丰富多样的,要积极创造正面情感体验,品味生活中的真善美。

(三)勿让善意败给流量——辩证看待负面情感

1. 了解负面情感

教师活动:展示盒饭摊现场照片,并提出"'盒饭姐'没有因为走红网络而受到流量利益的诱惑,始终坚守初心、用心经营,认为人心可以换人心。现在她却突然不想坚持了,到底发生了什么?可能会产生什么后果?"这一系列问题。

学生活动:观察图片提炼信息,总结网红和拍客的到来产生的不良后果。

教师活动:

(1)出示攻击"盒饭姐"的网络谣言:"盒饭卖这么便宜,这能吃吗?用的肯定是剩菜。""10元30多样菜随便吃,还有那么多荤菜,肯定是为了炒作直播带货。"

（2）播放视频《"盒饭姐"的心里话》。

（3）提问学生："'盒饭姐'的心里话反映了她怎样的感受？"

学生活动： 讨论并交流，总结负面情感的内涵。

2. 为爱发声——不要忽视语言的力量

教师活动：

（1）出示学习任务单"为爱发声——不要忽视语言的力量"。

（2）提问学生：假如你刷到"盒饭姐"的视频，你会发一条怎样的评论（可以是鼓励"盒饭姐"，也可以是呼吁全社会行动起来守护这样的善举）表明你的态度呢？

学生活动： 完成任务单，发表一条评论鼓励"盒饭姐"或呼吁全社会行动起来，一起守护这样的善举，并交流分享。

3. 辩证看待负面情感

教师活动： 播放视频，并提出"视频中，除了哭，'盒饭姐'还有什么表情引起你的关注？面对这么多糟心事，'盒饭姐'为什么还会笑？你认为'盒饭姐'的盒饭摊还会继续开下去吗？"一系列问题。

学生活动： 交流回答问题，感受"盒饭姐"笑容背后积极豁达的人生态度，从她的笑容里感受对生活的热爱和坚持。挖掘负面情感的积极作用，理解体验失望、挫败、焦虑等负面情感是很正常的，它丰富着每个人的人生。

4. 正确应对负面情感

教师活动： 展示"盒饭姐"在休息四天后接受采访的材料，并提出"面对负面情感，'盒饭姐'的做法和态度是什么？"这一问题。

学生活动： 分析"盒饭姐"面对负面情感的态度和做法，结合自身遭遇挫折的生活经历，学会用正确的态度应对负面情感，直面挫折。

5. 为爱发电——我们更有行动

教师活动： 发布任务要求，让学生以小组为单位，以热心小市民的身份分别从网络平台、政府部门和普通群众三个角度,针对出现的问题提出有价值的建议,助力爱心传递。

学生活动: 小组收集资料、整理材料,发现问题后提出建议,并在课堂上进行交流。

活动小结: 通过活动理解每个人都要学会承受负面情感,用行动转化负面情感;要敢于发声和行动,去守护一份份善意,这样才能助力正能量的传递。

设计意图: 本环节学生通过进一步了解网红、拍客和谣言带给"盒饭姐"的困扰,学会敢于表达、回应与共鸣情感;通过分析"盒饭姐"面对糟心事的态度和做法,以及结合自己的挫折经历,学会辩证看待负面情感;通过小组合作探究为事件提出合理化建议,保护善举,传递更多的关爱和社会正能量;学会勇于用行动践行"文明、和谐、法治、诚信、友善"社会主义核心价值观,从而提高解决问题的能力。

(四)每日一"习"话——传递情感正能量

教师活动: 展示 2021 年 2 月 25 日习近平总书记在全国脱贫攻坚总结表彰大会上的讲话。

设计意图: 通过习近平总书记在全国脱贫攻坚总结表彰大会上的讲话,理解坚持向身边人、向社会传递关爱和正能量的重要性,从个人层面、社会层面到国家层面,认识到传递社会正能量的必要性。

课堂总结: 每一个人坚持发声和行动,向身边人、向社会传递关爱和正能量,为社会奉献自己的光和热。践行一个善举,可以是孝敬父母、帮助同学,向身边人传递关爱;可以是主动让座、公益捐款,向社会传递关爱;更可以是不忘历史征程,弘扬民族精神……愿我们的社会能因积极情感而变得更加美好!

第三章

议题式学习活动设计与实践

第一节　议题式学习活动的内涵与应用

一、议题式学习的内涵

议题式学习,又称主题式学习或问题式学习,是一种以学习者为中心、以问题为导向的探究式学习方法,其核心在于围绕一个具有整合性、开放性和挑战性的议题展开学习活动。学生通过主动探究、合作交流、批判思考等方式,建构对议题的整体理解,同时深入探究与议题相关的概念、原理和技能。

议题式学习的提出可追溯到 20 世纪初,杜威的"做中学"(Learning by doing)和科尔布的"体验式学习"(Experiential learning)等教育思潮对其发展奠定了基础。议题式学习方式起源于 20 世纪中后期的教育领域,当时教育者们开始对传统的教学方法进行反思,并寻求更加有效和有意义的教学方式。20 世纪 60 年代后,随着建构主义学习理论的兴起,议题式学习方式逐渐受到关注和发展。

建构主义学习理论认为,学习是学习者在与社会环境的互动中主动建构知识的过程。基于此理论,议题式学习方式强调将学习者置于真实、复杂的社会环境中,通过解决具有现实意义的问题或议题来促进学习。

议题式学习方式的发展也与教育改革密切相关。随着教育改革的深入,培养学生的创新能力、批判性思维、合作与沟通能力等成为教育的重要目标。议题式学习方式恰好有助于实现这些目标,因为它鼓励学生主动探究、批判思考、合作解决问题,培养他们的综合素养和能力。

在实践中,议题式学习方式逐渐得到广泛应用和发展。许多学校和教师开始尝试将议题式学习方式引入课堂,设计各种具有现实意义的议题或问题,引导学生展开探究和学习。同时,也有越来越多的研究表明,议题式学习方式能够有效地提高学生的学习兴趣、思维能力和学业成绩。

可见,议题式学习方式是教育改革的产物,也是教育实践的创新。它强调学生的主动性和主体性,鼓励学生在真实的社会环境中探究和解决问题,从而培养他们的核心素养和综合能力。随着教育改革的深入和教育实践的发展,议题式学习方式将继续得到完善和发展。

二、议题式学习的核心特点和优势

(一)核心特点

1. 以议题或问题为引领

议题式学习活动通常围绕一个具有现实意义和复杂性的议题或问题展开,这些议题或问题与学生的生活、社会热点或学科内容紧密相关。

2. 强调真实情境的创设

议题式学习活动注重创设真实的情境,使学生能够在真实的情境中学习、体验和感悟,从而更好地理解和运用所学知识。

3. 自主探究与合作学习相结合

在议题式学习活动中,学生需要自主探究问题,通过收集资料、分析信息、提出假设等方式,形成自己的观点和解决方案。同时,学生也需要与他人合作,通过讨论、辩论、协作等方式,共同解决问题或完成任务。

4. 重视高阶思维的培养

议题式学习活动强调培养学生的批判性思维、创造性思维、问题解决能力等高阶思维能力。通过分析和解决复杂问题,学生需要运用所学知识进行深入思考和判断,从而提升自己的思维水平。

5. 指向核心素养的发展

议题式学习活动通过精选贴近时代、生活且具有思辨性的议题,强调问题导向,旨在引导学生深入思考并树立正确的价值观、法治观和道德观。它不仅是知识传授的过程,更是价值引领的过程,使学生在探究中内化社会主义核心价值观,增强法治意识,明确自身权利与义务。它能有效促进学生核心素养的全面发展,为培养具有高尚品德、法治精神和社会责任感的未来公民奠定了坚实基础。

（二）优势

近年来,议题式学习得到进一步发展,被广泛用于各学科的教学实践,与传统的以知识为中心的学习模式相比,议题式学习具有以下优势:

1. 促进深层理解

传统的教学模式往往是教师传授知识,学生被动接受。这种模式下,学生往往只学习了知识的表面,而没有真正理解知识的内涵。而议题式学习则要求学生主动探究,在探究过程中,学生需要理解议题的背景知识、相关的概念、原理和技能,并将这些知识融会贯通,从而获得更深层次的理解。

2. 培养批判性思维

议题式学习往往围绕一个具有多种视角和观点的议题展开。这种情况下,学生需要进行多角度思考、质疑和辩论,从而培养批判性思维能力。批判性思维能力是现代社会必备的重要能力,它可以帮助学生在面对复杂问题时,能够理性思考,做出正确的判断。

3. 发展合作学习能力

在议题式学习中,学生需要共同合作,探究主题,这有助于发展合作学习能力。合作学习可以帮助学生学会分享信息、协调合作、解决冲突等技能,这些技能在今后的学习和工作中都将发挥重要作用。

4. 提高学习自主性

在议题式学习中,学生是学习过程的主导者,教师更多扮演引导和辅助的角色。这种教学模式有助于提升学生的学习自主性。学习自主性是学生终身学习的重要基础,它可以帮助学生更好地管理自己的学习,并为未来的学习和发展做好准备。

议题式学习是一种具有显著优势的学习方式,它在促进学生深层理解、培养关键能力、提升道德素养等方面都具有重要作用。随着教育理念的不断更新和发展,议题式学习必将在各学科的教学中发挥越来越重要的作用。

三、议题式学习活动的要素

作为一线教师首先要了解议题式学习活动的要素,它包含四个要素:

(一)议题

这是活动的核心,通常是一个具有争议性或启发性的问题,能够引发学生的思考和讨论。议题的选择应该与学生的生活经验和课程内容紧密相关,能够激发学生的学习兴趣和参与热情。

(二)情境

情境是实现议题的载体,指的是为议题设定一个具体的环境或背景。这个环境可以是真实的,也可以是模拟的,但都需要有助于学生理解和探讨议题。情境的设计应该能够引导学生深入思考和解决问题,同时培养他们的实践能力和创新思维。

(三)活动

活动是学生参与议题讨论和实践的主要形式。这些活动可以是小组讨论、角色扮演、辩论、调查研究等,旨在帮助学生通过实际操作和互动交流来深化对议题的理解。活动的设计应该根据学生的年龄特点和认知水平来进行,确保他们能够积极参与并从中受益。

(四)任务

任务是学生完成议题学习活动的具体要求或计划。这些任务可以是知识性的,也可以是实践性的,但都需要与议题紧密相关,能够帮助学生达到预期的学习效果。任务的设计应该具有趣味性和挑战性,以激发学生的学习动力和探究精神。

这四个要素相互关联、相互作用,共同构成了议题式学习活动的基本框架。在实际教学中,教师需要根据学生的实际情况和课程要求来灵活运用这些要素,确保议题式学习活动的有效实施。

四、道德与法治学科的议题式学习应用

(一)议题内容的特殊性

道德与法治学科的议题式学习涉及的议题通常具有鲜明的时代性、深刻的思想性和明确的政治性。议题紧密围绕当前的社会热点、时事政治和时代变迁展开,往往涉及国家大政方针、社会主义核心价值观、公民道德规范、法律等方面,与其他学科相比,更具思想引领和价值导向的作用,能让学生及时了解和认识社会现象,增强对时代的敏感性和适应性。同时,作为立德树人的关键课程,道德与法治学科的议题式学习不可避免地涉及政治方面的内容,包括国家的基本政治制度、重大政策决策、国家安全和国防建设等。学生通过学习活动能够更加深入地了解国家政治生活,增强国家意识和民族自豪感,形成正确的政治立场和政治观念。

(二)价值取向的明确性

道德与法治学科本身就承载着培养学生正确世界观、人生观和价值观的重要任务。因此,还有些议题会涉及深层次的思想引领和价值取向,引导学生深入思考,从而形成正确的思想观念和价值取向。在探究议题的过程中,学生需要明确价值判断标准,从而在日常生活中做出正确的道德判断和行为选择。这种价值取向的明确性是其他学科所不具备的。

(三)社会责任感的强化

道德与法治学科的议题具有现实意义和社会价值,往往涉及社区发展、环境保护、公平正义等社会议题。学生不仅进行理性探讨,还参与各种实践活动,如社区服务、环保行动、社会调查等,通过亲身参与、亲身体验社会责任的机会,能够更加深入地了解社会问题,更加清晰地认识到自己在社会中的位置和角色,明确作为公民所应承担的社会责任。这种社会参与有助于学生形成积极向上的生活态度和价值观,增强社会责任感。

活动 义务教育教科书(五·四学制)九年级上册第三单元《文明与家园》第五课《守望精神家园》的第一框"延续文化血脉"

该部分学习内容阐述了我们要坚定文化自信。文化自信从何而来? 通过创设情境,感知中华文化包罗万象的丰富内涵,了解中华文化的特点和来源,认识中华文化的价值所在,理解中华优秀传统文化、革命文化及社会主义先进文化的内在精神联系。经济全球化背景下国际文化交流日益频繁,我们应坚定文化自信,传承并延续中华文化血脉。

总议题:中华文化何以充满魅力?

中华文化,博大精深,源远流长,它历经数千年的沉淀与积累,形成了独特的文化体系和价值观念,对世界产生了深远影响。那么,中华文化究竟何以充满魅力? 这是我们需要深入探讨的议题。

子议题一:寻根——赏中华文化之美

为了让学生更深入地欣赏中华文化的艺术、历史、哲学等方面,寻找中华文化的根源,并体验其独特魅力,教师创设以下情境和任务,学生通过活动任务展开讨论。

1. 设计"穿越时空的中华文化之旅"情境

想象一下,你是一名时间旅行者,被赋予了一次穿越时空的机会,去探寻中华文化的根源和演变。你可以选择回到古代的不同时期,如春秋战国、唐宋元明清等,或者选择前往不同的地域,如中原、江南、西北等,深入了解当地的文化特色和历史背景。

2. 任务与挑战

(1)选择时空穿越点:你需要决定穿越回哪个时期或哪个地域。这需要对中华文化的历史和地理有一定的了解,以便选择一个能够让你深入了解中华文化根源的时空点。

(2)体验当地文化:一旦你穿越了时空,你将身处古代的环境和氛围中。你需要通过参观当地的古迹、寺庙、宫殿等;欣赏传统的艺术表演,如京剧、舞蹈、音乐等;阅读经典文学作品,如《诗经》《论语》等,来深入了解当地的文化特色和价值观念。

（3）与古人对话：在这个情境中，你还可以尝试与古人进行对话，了解他们对文化的理解和看法。这可以帮助你更深入地理解中华文化的内涵和演变过程。

（4）记录和分享：作为时间旅行者，你需要记录下你的所见所闻，并与其他同学分享你的体验。你可以通过写日记、拍照、录制视频等方式，将你的中华文化之旅记录下来，并在课堂上进行展示和讨论。

3. 讨论问题

（1）你选择了哪个时期或地域进行穿越？为什么选择这个点？它如何展现了中华文化的独特魅力？

（2）在你的穿越之旅中，你印象最深刻的文化元素是什么？为什么？它是如何体现中华文化的特点和价值的？

（3）与古人对话的过程中，你学到了哪些关于中华文化的新认识或启示？

（4）这次穿越时空的中华文化之旅给你带来了哪些收获和感悟？它如何影响了你对中华文化的理解和认同？

通过这个情境设计，学生在讨论中更加深入地欣赏了中华文化的艺术、历史、哲学等方面，寻找中华文化的根源，并体验其独特魅力。同时，可以锻炼自己的思考能力和表达能力，提升对中华文化的兴趣和热爱。

子议题二：铸魂——立中华文化自信

引导学生认识到中华文化在世界文化中的独特地位和价值，树立对中华文化的自信。为了让学生更深入地探讨和体验中华文化的自信，教师进行了以下设计。

1. 设计"全球文化节——中华文化的自信展示"情境

想象一下，你是一名策划者，负责在全球文化节上展示中华文化。全球文化节是一个汇集了世界各国文化的盛大活动，各国都会展示自己的文化特色和历史传承。作为中华文化的代表，你需要策划一场既能够展现中华文化魅力,又能够吸引全球观众参与的活动。

2. 任务与挑战

(1)策划展示内容:首先,你需要确定选择哪些中华文化元素和特色来进行展示。这些元素可以是传统的,如京剧、书法、茶艺、传统服饰等;也可以是现代的,如中国的科技成就、城市发展等。你需要思考如何选择内容,以便让全球观众能够深入了解中华文化的独特魅力和价值。

(2)应对多元文化挑战:在全球文化节上,你会遇到来自不同文化背景的观众。他们可能对中华文化不太了解,甚至有一些误解。你需要思考如何与他们进行有效的沟通,解释中华文化的独特之处,并回应他们可能提出的疑问或挑战。

(3)创新展示方式:为了吸引更多观众参与,你需要考虑如何创新展示方式。这可以是技术上的创新,如使用 AR、VR 等现代技术来展示中华文化;也可以是形式上的创新,如设计互动游戏、表演等,让观众能够亲身体验中华文化的魅力。

3. 讨论问题

(1)在策划展示内容时,你选择了哪些中华文化元素和特色?为什么选择这些元素?它们如何展现中华文化的独特魅力和价值?

(2)在面对多元文化挑战时,你如何与观众进行有效沟通,解释中华文化的独特之处,并回应他们的质疑或挑战?

(3)在创新展示方式方面,你有什么想法和建议?你认为该如何结合现代技术和创新形式,让全球观众能更好地体验中华文化的魅力?

通过这个情境设计,学生在讨论中深入思考中华文化的独特地位和价值,探索如何在全球化的背景下保持和发扬中华文化的优势。同时,可以锻炼学生的创新思维和沟通能力,提升学生对中华文化的自信和认同感。

子议题三:传承——扬中华文化精神

为了让学生深入探讨中华文化的传承与发扬,并理解如何在现代社会中赋予中华文化精神新的时代内涵,教师进行了以下设计。

1. 设计"中华文化精神在现代社会的传承与创新"情境

你是一位年轻的中华文化传承者,面对现代社会的发展和变革,你深感传承和发扬中华文化精神的重要性。为了将中华文化传承下去并赋予其新的时代内涵,你决定策划一个社区文化项目。

2. 任务与挑战

(1)选择传承内容:首先,你需要选择中华文化包含的价值观进行传承。这些价值观可能包括仁爱、正义、礼仪、智慧、诚信等。你需要思考这些价值观在现代社会中的意义和价值。

(2)设计创新项目:为了吸引更多年轻人参与,你需要设计一个具有创意和吸引力的文化项目。这可以是组织一场以中华文化为主题的社区活动,如传统文化节、诗词朗诵会等;也可以是开发一款结合现代科技的游戏或应用,让年轻人在游戏中体验和学习中华文化。

(3)面对挑战:在推广和实施你的文化项目时,你可能会遇到一些挑战和困难,如资金不足、参与者兴趣不高、文化差异等。你需要思考如何克服这些挑战,确保项目的顺利进行。

(4)评估与反思:在项目结束后,你需要对项目的实施效果进行评估和反思。这可以帮助你了解项目的成功之处和不足之处,并为未来的文化传承工作提供经验和借鉴。

3. 讨论问题

(1)你选择了中华文化中的哪些价值观进行传承?为什么选择这些价值观?它们在现代社会中有什么意义和价值?

(2)你设计的创新项目是什么?它如何吸引年轻人参与并体验中华文化的魅力?

(3)在实施项目过程中,你遇到了哪些挑战和困难?你是如何克服这些挑战的?

(4)通过这次文化传承活动,你获得了哪些经验和教训?它们对你进行未来的文化传承工作有什么启示和影响?

通过这个情境设计,学生在讨论中深入思考中华文化的传承与发扬,探索如何将中华文化的精神内涵传承下去并赋予其新的时代内涵。同时,可以锻炼自己的创新思维和解决问题的能力,提升对中华文化传承工作的兴趣和责任感。

第二节　议题式学习活动现存的问题

课程标准提出："要积极探索议题式、体验式、项目式等多种教学方法，引导学生参与体验，促进感悟和建构。"但是课程标准没有具体说明道德与法治学科的议题式教学的操作方法，教师们对于如何开展议题式教学感到迷茫，遇到了诸多困难。

一是对议题式教学的理解与实施的不确定性。由于缺乏具体专业的指导，教师对议题式教学的理解存在差异。这导致在实际教学中，议题的选择、情境的设置、任务的安排以及活动的组织都存在多样性，增加了教学实施的不确定性。

二是教学资源与支持的缺乏。由于课程标准没有提供具体的议题式教学资源或案例，教师需要自行寻找和筛选适合的教学内容。这既增加了教师的工作负担，也可能导致教学资源的不均衡和质量的参差不齐。

三是教学评价的模糊性。课程标准没有明确指导，教师很难确定议题式教学的具体评价标准。这导致评价存在主观性和不确定性，影响教学评价的准确性和有效性。

四是学生适应性的挑战。议题式教学强调学生的主动参与和思辨能力，这对于学生来说是新的学习方式，是一个挑战。特别是那些习惯于传统讲授式教学的学生，可能需要时间来适应新的学习方式。

由于是新的方式，教师们也面临挑战，我们就从议题式学习的四要素来探讨道德与法治课议题式学习活动设计与实践过程中存在的问题。

一、议题

（一）议题选择不当

议题可能过于抽象、理论化，与学生的实际生活经验和认知水平脱节，导致学生难以理解和参与讨论。

1. 偏离课程标准,忽视学生生活实际

部分议题选择偏离课程标准,过于宏观抽象,缺乏具体的现实情境,与学生的生活经验和认知水平脱节,导致学生难以理解和参与讨论。

2. 缺乏价值引领,模糊是非观念

部分议题选择过于敏感或具有争议性,例如"网络自由与社会责任",缺乏明确的价值导向,容易引发学生是非观念的混淆。讨论"网络自由与社会责任"时,如果缺乏正确的引导,学生可能会片面强调网络自由,忽视网络责任,甚至出现网络暴力等违法行为。

3. 难度过大,加重学生负担

部分议题选择过于复杂或深奥,例如"全球化与文化冲突",超出了学生的认知能力和理解水平,导致学生难以参与讨论,甚至产生畏难情绪。学生如果缺乏必要的知识储备和思考能力,无法深入理解相关问题,反而会增加学生的学习负担和压力。

(二)议题缺乏深度

议题可能过于简单或表面化,没有触及道德与法治学科的核心概念和深层次问题,导致讨论难以深入。

1. 议题内容过于简单,缺乏深度思考

一些议题仅限于表面现象的描述和分析,缺乏对问题的深层次挖掘和思考。例如,讨论"遵守交通规则"这样的议题,如果只是简单地罗列交通规则,并要求学生举例说明遵守交通规则的重要性,则无法引导学生深入思考交通规则背后的法律和道德问题。

2. 缺乏批判性思考,停留在表面认知

一些议题引导学生进行简单的是非判断,而缺乏对问题的多角度分析和批判性思考。例如,讨论"网络谣言的危害"的议题,如果只是简单地让学生批判网络谣言的危害,而没有引导学生分析网络谣言产生的原因、传播途径和治理措施,则无法帮助学生形成批判性思维。

3. 缺乏价值探究,难以形成内化价值

一些议题仅停留在知识层面,缺乏对价值观的探究和引导。例如,讨论"诚信的重要性"的议题,如果只是简单地让学生了解诚信的定义和道理,而没有引导学生思考诚信的价值意义以及如何在现实生活中践行诚信,更无法深入思考诚信在不同情境下的具体含义和实践,则难以帮助学生形成内化的价值观。

(三)议题时效性差

议题没有紧跟当下形势,缺乏与当前社会热点和时事政治的联系,导致学生对议题的兴趣不大。

1. 议题内容陈旧,缺乏现实针对性

一些议题选自过时的教学资料,内容陈旧,与当前社会现实脱节,无法引起学生的兴趣和共鸣。例如,在讨论"经济发展和环境保护"这一议题时,如果使用过于久远的案例和数据,没有关注当下最新的环境问题和治理措施,那么这样的学习活动是无效的。

2. 缺乏热点追踪,忽视社会发展

一些议题没有紧跟社会热点和最新发展趋势,导致学生无法将学习与现实生活结合起来。例如,在讨论"网络安全"这一议题时,没有关注最新的网络诈骗、网络暴力等问题,更没有探讨人工智能等新技术带来的网络安全挑战。

3. 缺乏动态更新,无法与时俱进

一些议题的设计缺乏动态更新机制,无法及时反映社会现实的变化和发展趋势。例如,在讨论"法治与社会"这一议题时,仅以现行的法律法规为例,没有关注新兴法律领域的快速发展和变化,例如人工智能可能带来的问题,以及需要的法律法规等,引导学生深度学习探究。

4. 忽视地域差异,缺乏本地特色

一些议题在设计时忽视了地域差异,缺乏本地特色,无法与学生的日常生活和社会环境联系起来。例如,在讨论"经济发展与环境保护"这一议题时,如果仅以全国性的环境问题为例,没有关注本地环境问题的特点和治理措施,那么学生就不能感同身受,也不能多维度多角度地关联问题,更无法提出解决方案。

二、情境

（一）情境设置不真实

为了创设情境而人为制造的情境可能过于虚假或夸张,无法引起学生的共鸣和投入。

1. 情境过于理想化,缺乏现实挑战

一些教师在进行情境设置时过于理想化,缺乏现实挑战,导致学生难以理解和感悟。例如,在讨论"诚实守信"这一议题时,设置的都是诚信者最终获得回报的理想化情境,缺乏对诚信在现实生活中可能遇到的困境和挑战的分析,这会导致学生因现实生活与课堂所学不同而感到迷茫和困惑。

2. 虚构和夸张情境,缺乏边界意识

一些教师在进行情境设计时虚构和夸张情境,可能会扭曲学生对道德与法治的真实认知,会损害道德与法治课的严肃性和权威性,还可能引发学生的误解和反感,会让学生觉得这门课不够严肃,从而降低他们对这门课的重视程度。

3. 情境脱离学生实际,缺乏生活支撑

当情境与学生的实际生活经历、背景或兴趣相差甚远时,学生可能难以与情境产生共鸣,导致学生对议题的理解不够深入。因为缺乏实际的生活经验作为支撑,他们可能难以全面、准确地把握议题的核心要点,进而影响他们对道德与法治的理解和认知,从而影响其实际应用能力的培养。

（二）情境缺乏趣味性

情境缺乏吸引力和趣味性,无法激发学生的学习兴趣和参与热情。

1. 情境过于刻板,缺乏吸引力

一些情境设置过于刻板,缺乏新意,学生往往更倾向于有趣、生动的学习内容。过于刻板的情境,会让学生觉得课程内容枯燥乏味,从而失去学习的热情和兴趣。缺乏兴趣的学习往往是低效的,学生难以深入理解和掌握知识。刻板的情境往往缺乏开放性和多样性,限制了学生的想象空间和思维发展。学生被固定在特定的框架内,难以发挥创造力和探索精神。

2. 情境缺乏想象力,无法激发创造性

当情境缺乏想象力时,学生的思维可能受到局限,难以跳出传统的框架,导致他们的思考变得刻板、缺乏创新。道德与法治课程要培养的核心素养包括政治认同、道德修养、法治观念、健全人格和责任意识。如果情境缺乏想象力,可能无法引起学生对道德问题的深入思考和讨论,从而影响他们对道德问题的理解和判断。

3. 情境缺乏互动性,无法调动积极性

当情境缺乏互动性时,学生可能只是被动地接受信息,而没有机会参与其中表达自己的观点或提出问题。缺乏互动性的情境往往使学生陷入孤立的学习状态,难以与他人进行思想碰撞和深入探讨。道德与法治课注重培养学生的实践能力和社会责任感,缺乏互动性的情境往往无法提供足够的实践机会,使学生无法将所学知识应用于实际生活中。这限制了学生实践能力的发展,也使他们难以深刻体验道德规范和法律要求在实际操作中的重要性。

三、任务

(一)任务目标不明确

任务目标不清晰,导致学生在完成任务时缺乏方向感和动力。

1. 目标缺乏具体性,无法指导学习

一些任务目标过于笼统,不具体,无法指导学生进行活动的开展,导致学生不知道该做什么,如何做。学生甚至可能会对其有不同的理解,这种不一致的理解会导致学生不清楚他们需要达到什么标准,从而难以评估他们的学习进度和成果。

2. 目标缺乏可操作性,无法准确执行

一些教师设计的议题任务目标模糊不清,缺乏明确的执行步骤和方法,导致学生在尝试执行任务时感到困惑,不清楚应该如何开始、如何进行以及如何结束。学生可能会花费大量时间试图理解目标,而不是实际执行任务。

3. 目标缺乏层次性,无法循序渐进

一些任务目标缺乏层次性,没有考虑学生的认知水平和学习能力的差异。不同学生有不同的学习背景和能力,如果目标设置得过于单一,缺乏层次,那么对于一些学生来说可能过于简单,而对于另一些学生来说则可能过于复杂。目标缺乏层次性,也就缺乏逐步深入的学习路径,学生会在不同的知识点之间跳跃,难以看到不同知识点之间的联系,无法形成一个连贯的、逐步深入的学习路径,难以构建完整的知识体系,影响学生对知识的理解和应用。

4. 目标缺乏评估手段,无法检验效果

评估手段是量化学习成果的关键。一些教师在进行议题式学习活动设计时缺乏评估手段,这就意味着无法对学生的学习表现进行评估,无法清晰地知道他们达到了哪个水平。这种模糊性使得学习效果变得难以衡量,学生可能不清楚自己是否真正掌握了所学内容,教师也无法准确判断学生是否按照预期的学习路径前进,也就无法为他们提供有针对性的建议。这必然会阻碍学生的学习进步,因为他们无法从错误中学习,也无法调整自己的学习策略。

(二)任务难度不适中

任务可能过于简单或过于复杂,无法适应学生的不同水平和需求,导致部分学生无法有效参与。

1. 任务难度过大,导致学生挫折感

在议题式学习中,教师通常会为学生设置一些任务,如小组讨论、撰写报告、进行演讲等。如果任务量过大、要求过高,超出了学生的认知水平和能力范围,那么学生在完成任务的过程中就会感到压力巨大,产生挫折感和畏难情绪,甚至会产生挫败感,自信心受损,从而放弃学习。这种消极的心态可能会导致他们害怕挑战、害怕失败。长此以往,这种心态可能会影响学生的自尊心和自我价值感。另外面对难度过大的任务,学生会陷入困境,无法有效地运用学习策略。他们可能会过于关注任务的难度,而忽视了其他有效的学习方法。

2. 任务难度过小,导致学生失去兴趣

道德与法治课程本身蕴含了丰富的思想内涵、法律原理以及道德伦理,这些内容往往具有一定的抽象性和理论深度,是塑造学生世界观、人生观、价值观的重要基石。当学习任务被设计得过于浅显或表面化时,学生会发现这些任务缺乏挑战性,难以激发他们的好奇心和求知欲。他们仅仅通过记忆或复述就能完成任务,无需深入思考、分析或应用所学知识。这种“浅尝辄止”的学习方式,不仅无法让学生充分体验到学习的乐趣和成就感,更无法让他们深刻理解道德与法治的精髓和价值所在。

3. 任务缺乏梯度,无法满足不同需求

一些任务没有考虑学生的个体差异,缺乏梯度设计,无法满足不同学生的学习需求。当任务缺乏梯度时,意味着所有学生面对的是相同难度级别的任务,教师在设计任务时没有考虑到学生之间在能力、兴趣和学习需求上的差异。这会导致对于能力较强的学生来说觉得任务过于简单,缺乏挑战性,学生无法进一步提升能力和技能。对于能力较弱的学生来说觉得任务过于困难,难以完成任务或取得进步,阻碍他们掌握基础知识和技能,势必影响后续的学习。

4. 任务与知识脱节,无法巩固学习

一些任务与课堂教学内容脱节,无法帮助学生巩固学习成果。当任务与知识脱节时,意味着设计的学习任务没有紧密地关联到学生需要掌握的核心知识,学生只是孤立地掌握了一些零碎的知识点,不会将知识互相关联,无法形成一个完整的知识体系。这势必会影响学生对知识的综合运用,导致学生在完成任务的过程中无法有效地巩固和深化学习。

（三）任务缺乏实践性

任务可能过于理论化或抽象化,缺乏实际操作和实践体验的机会,使得学生难以将所学知识应用到实际生活中。

1. 任务过于理论化,缺乏应用场景

一些任务过于理论化,包含大量抽象的概念和原理,缺乏与现实生活的联系,缺乏具体的应用场景,使得这些理论变得空洞和遥不可及。学生只会背诵和记忆这些理论知识,但却不知如何将它们应用于实际生活中,更谈不上应用这些理论去解决现实问题。对于初中生来说,道德与法治课学习的一个重要目的是能够运用知识解决现实生活中的问题,过于理论化的任务无法为学生提供这样的机会,使得他们的问题解决能力得不到有效的培养。

2. 任务缺乏互动性,学生无法参与实践

缺乏互动性的任务往往导致学生参与度低。一些教师在设计任务时只是简单地要求学生阅读材料、回答问题或记忆知识点,这些任务只需个人参与,无需与他人合作共同完成。这样学生无法体验与他人合作的过程,无法体会合作的乐趣,也就无法培养合作精神,更谈不上培养团队协作能力。

3. 任务缺乏挑战性,无法激发实践热情

挑战性的任务能够激发学生的斗志和好奇心,促使他们更加努力地完成任务。相反,缺乏挑战性的任务可能会让学生觉得没有成就感,从而缺乏动力去参与。挑战性的任务通常要求学生发挥创新思维,寻找新的解决方案,这有助于培养学生的创新能力和创造力。然而,如果任务缺乏挑战性,学生就无法充分激发自己的创新思维,他们会依赖传统的思维方式和方法来完成任务,而不是尝试新的方法和策略。

四、活动

（一）活动形式单一

活动可能过于单一或重复,缺乏多样性和创新性,导致学生感到枯燥乏味。

1. 活动形式过于传统，缺乏吸引力

一些教师拘泥于传统的活动形式，而传统的活动形式往往比较固定和单一，缺乏创新和变化。例如，只依赖于课堂讲解、小组讨论或简单的角色扮演等形式，没有充分利用现代技术手段或更具创意的活动方式。学生可能只是被动地参与讨论或听讲，而没有机会尝试不同的学习方式，如实践活动、项目合作、在线互动等。

2. 活动缺乏体验性，无法加深理解

道德与法治课程的知识具有很强的实践性和应用性。如果活动形式单一、传统，学生会缺乏丰富有趣的体验经历，无法将所学知识与实际生活情境相联系，无法深入理解所学知识，更无法将知识内化。

3. 活动缺乏代入感，无法引发共鸣

由于活动与学生生活相差甚远，学生难以将自己置身其中。他们只是机械地完成任务，没有真正投入情感，难以产生共鸣，就无法表达自己的观点和感受，更不会深入思考和感受其中的价值。

（二）活动时间不足

由于课堂时间有限，活动可能无法充分展开，导致学生在讨论中无法充分表达自己的观点。

1. 学生准备时间不足，影响参与度

学生在活动前没有足够的时间来准备和研究相关的议题知识，就只能停留在表面层次的理解。这就会导致他们在活动过程中的表现受限，无法深入参与讨论或提出有见地的观点，无法形成清晰的观点和立场，也无法对他人的观点进行有效的批判和评价。

2. 学生讨论时间不足，影响深度思考

一些教师受课时影响，给予学生讨论的时间不足，只能匆匆提出一些表面的观点，而没有时间深入探讨问题的多方面和潜在影响，只是浅尝辄止，无法深入剖析问题的本质和内涵，导致学生对知识的理解不够深入，也没有足够的机会来反驳他人的观点或提出自己的不同见解，从而限制了思想的碰撞和深化。

3. 实践活动时间不足，影响应用能力

实践活动是提高学生应用能力的重要途径。时间不足，学生可能只是机械地记忆理论知识，而无法将其与实际生活相结合，就没有足够的机会去发现问题、分析问题并提出解决方案，也就无法充分掌握相关技能，如社会调查、访谈、社情民意撰写等，这将限制他们在未来实际情境中运用这些技能的能力。

第三节　议题式学习活动优化策略

一、以议题为桥梁,指引学生学习方向

(一)遵循学科知识逻辑,让议题"实"起来

道德与法治课程的教学内容是专家根据学科的知识体系和学生的认知发展规律精心编写的,其内容的逻辑是经过深入研究和论证的。教师在选择议题时,首先要体现学科知识的内在逻辑,可以参考课程标准,紧密围绕课程的核心知识和关键概念。遵循教材内容逻辑的同时,要根据学科知识体系,确保议题的选择与学科知识的系统性相一致,体现学科知识的内在联系和逻辑结构。以此构建议题层级,由浅入深,循序渐进,帮助学生构建完整的、连贯的、系统的知识体系。其次议题要具有层次性。在设计议题时,要考虑学生的认知水平和学习能力,可以将学科知识分解为多个议题,每个子议题聚焦一两个具体的知识或问题,由易到难、由浅入深、循序渐进地引导学生进行学习。

(二)指向核心素养导向,让议题"立"起来

核心素养是学生适应未来社会发展所需要的必备品格和关键能力。在道德与法治课议题式学习中,教师在设计议题时首先要参考核心素养框架,明确议题与核心素养之间的关系。议题的问题讨论和活动设计,都应该指向特定的核心素养目标,要明确议题能够帮助学生达成哪些核心素养。其次,可以设计多种形式的议题活动,如小组讨论、角色扮演、案例分析、模拟法庭等,帮助学生在不同情境中运用所学知识解决问题。设计开放性问题,要引导学生运用所学知识进行思考和分析,引导学生进行多角度思考和批判性分析,将所学知识转化为具体的思维方式和行为习惯,促进核心素养的培养。在设计议题讨论问题时,要注重问题的开放性和挑战性,鼓励学生提

出自己的观点和看法。

（三）源于学生真实生活，让议题"活"起来

议题式学习的目的是让学生在学习中获得真知灼见，并能够将所学知识应用于实践。因此，在设计议题时，要将议题与学生的生活经验、社会现实相结合，选择学生感兴趣、有共鸣的议题，激发学生的学习兴趣和参与积极性，让议题"活"起来。

学生是学习的主体，只有选择贴近学生生活、与学生息息相关的议题，才能引起学生的共鸣，激发学生的学习兴趣和参与积极性。首先，教师在设计议题时，可以进行问卷调查、访谈等活动，了解学生的兴趣和需求。其次，让学生参与议题的设计，学生对与自身生活息息相关的议题更感兴趣，也更容易产生参与感。在设计议题时，可以从学生的日常生活、社会热点、校园文化等方面入手，选择贴近学生生活的议题。当前社会发展日新月异，各种新问题、新现象不断涌现。将议题与社会现实问题相结合，可以帮助学生了解社会、关注社会，培养社会责任感，鼓励学生关注身边、关注社会，进行探究性学习，引导学生将所学知识应用于解决实际问题。

二、以情境为载体，引导学生深入思考

（一）复杂情境促使知识联结，在问题解决中走向深度

情境是学生学习的重要载体。创设复杂的情境，引导学生运用多学科知识进行分析和解决问题，可以促进知识的融会贯通，帮助学生在问题解决中走向深度。

复杂情境往往涉及多个学科领域，需要学生多维思考、整合多学科知识、运用多种思维方式进行分析和解决问题。在这样的情境中，学生要将所学知识进行联结和整合，形成系统的知识体系。复杂情境往往还具有开放性、挑战性和不确定性，引导学生进行深入思考，探究问题的本质，需要学生进行批判性思考和创新性实践。在这样的情境中，学生可以拓展思维，将所学知识与实际问题联系起来，提出新颖的观点和解决方案。复杂情境往往

还存在多种解决方案,需要学生进行权衡和选择,在提高问题解决能力同时学会做出理性的决策。

教师在设计情境时,要考虑学生的认知水平和学习能力,确保情境的复杂度适宜。要提供丰富的学习资源和指导,帮助学生进行自主学习和探究;也要鼓励学生合作学习,共同解决问题。

（二）两难情境促进思辨发生,在价值澄清中迈向高度

两难情境是指没有完美解决方案的困境,往往需要学生进行价值判断和思辨,才能做出合乎情理的选择。在道德与法治课议题式学习中,创设两难情境可以引导学生进行深度思考和价值澄清,帮助学生在思辨中迈向高度。

两难情境往往涉及多个价值观念的冲突,需要学生进行权衡和判断。在这样的情境中,学生需要对不同的价值观进行权衡和选择,就要学会从多个角度思考问题,理解事物的复杂性,最后形成自己的价值判断。教师在进行情境设计时要关注社会现状,考虑学生的认知水平和价值观发展水平,确保情境的难度适宜。

两难情境需要学生进行批判性思考,分析不同价值观的合理性,并提出自己的论证。在这样的情境中,学生可以锻炼自己的逻辑思维、批判性思维和论证能力。在这个过程中学生反思自己的价值观,并形成更成熟的价值判断能力,从而明确自己的价值观,形成坚定的信念。教师除了设计情境以外,还要提供丰富的学习资源和指导,比如相关法律条文、不同国家的情况对比等,帮助学生进行自主学习和探究。

三、以活动为路径,促进学生主动学习

（一）充分的活动准备,筑牢基础

活动是议题式学习的核心环节。充分的活动准备,可以帮助学生明确学习目标、了解活动规则、掌握所需知识和技能,为顺利开展活动奠定基础。在设计活动之前,要明确活动的目标,让学生知道通过活动要学习什么、获

得什么样的知识和技能。明确的目标可以帮助学生更好地理解活动内容，并明确自己的学习方向。在开展活动之前，要确保学生已经掌握了必要的知识和技能，能够顺利参与活动。必要的前置知识和技能可以帮助学生更好地理解活动内容，提高参与活动的质量。在开展活动之前，也要帮助学生做好心理准备，消除焦虑和恐惧，增强参与活动的信心。良好的心理准备可以帮助学生更好地投入到活动中，获得积极的学习体验。

（二）多样的活动体验，深入问题

在议题式学习中，提供多样的活动体验可以帮助学生从不同角度思考问题，深入理解问题的复杂性和多面性，从而获得更深刻的学习体验。

活动体验促成理解。教师可以采用多种形式的活动，如小组讨论、角色扮演、案例分析、模拟法庭、社会实践等，满足学生的不同需求和学习风格。多样的活动形式可以帮助学生从不同角度理解问题，加深对问题的理解和认识。

活动体验促成反思。在多样的活动体验中，学生可以从不同角度反思自己的行为和价值观，形成更成熟的判断和选择。

活动体验促成探究。在多样的活动体验中，学生可以进行深入思考，探究问题的本质和根源，形成自己的见解，找到解决方案。

（三）深度的实践活动，解决问题

在道德与法治课议题式学习中，将深度实践活动融入教学，可以提高学生的问题解决能力，提升其社会责任感。

实践活动贴近生活，促进知识应用。深度的实践活动可以让学生将所学知识应用于解决实际问题，在实践中检验知识、巩固知识和深化知识。

实践活动培养问题解决能力。实践活动与学生的日常生活和社会现实相结合，让学生在真实的场景中面对问题、分析问题、解决问题，培养解决问题的能力和思维方式，增强学习的价值观和意义感。

实践活动注重反思，促成价值观的形成。实践活动可以让学生在实践中体验、感悟、升华，形成正确的价值观。

四、以任务为驱动,提升解决问题能力

(一) 进阶任务,培养高阶思维

进阶任务,可以引导学生在解决问题的过程中不断学习、反思和提升,最终培养学生成为具有高阶思维能力和解决问题能力的人才。

1. 任务设计循序渐进

教师在进行任务设计时要遵循学生的认知规律,从简单到复杂、从具体到抽象,循序渐进地引导学生进行高阶思维。

例如,围绕"责任与担当"这一议题,教师设计了以下进阶任务:

任务一:列举生活中常见的责任与担当事例,并进行分类和分析。

任务二:选择一个责任与担当事例进行深入探究,分析其意义、影响和方法。

任务三:设计一个方案,倡导责任与担当,并进行实施和评价。

2. 任务引导批判性思考

任务要引导学生进行批判性思考,质疑、分析和评价信息,分析问题的多面性,形成自己的观点和判断。

例如,在开展任务二时,引导学生思考以下问题:

问题一:这个事例体现了哪些责任与担当?

问题二:这个事例对个人、家庭和社会有何意义?

问题三:我们应该如何学习和弘扬这个事例中的责任与担当精神?

3. 任务促进创造性解决问题

任务要鼓励学生发挥创造性,提出创新性的解决方案。

例如,在开展任务三时,引导学生思考以下问题:

问题一:我们可以通过哪些途径倡导责任与担当?

问题二:如何设计方案才能更有效地实现目标?

问题三:我们应该如何评估方案的实施效果?

（二）挑战任务，落地核心素养

在道德与法治课议题式学习中，设计挑战性任务可以引导学生综合运用学科知识、技能和方法，解决复杂问题，培育核心素养。

1. 任务指向核心素养

挑战性任务以培育学生的核心素养为目标，明确任务与核心素养之间的联系，帮助学生在完成任务的过程中提升核心素养。

例如，可以围绕"规则与自由"这一议题设计以下挑战任务：

任务：设计一个方案，在维护社会规则的同时，保障个人自由。

2. 任务促进深度学习

挑战性任务要具有开放性和复杂性，需要学生进行深入思考和探究，才能找到解决方案。

例如，在开展以上任务时，可以引导学生思考以下问题：

问题一：规则与自由之间存在哪些关系？

问题二：如何在维护社会规则的同时，保障个人自由？

问题三：我们应该如何遵守规则和行使自由？

3. 任务培养综合能力

挑战性任务需要学生综合运用学科知识、思维能力、实践能力和合作能力等，才能完成任务。

例如，在开展任务时，学生需要：

（1）运用道德与法治知识分析问题。

（2）运用批判性思维和创造性思维解决问题。

（3）运用调查研究、案例分析等方法收集信息。

（4）运用沟通能力和合作能力与他人协作完成任务。

第四节 议题式学习活动设计：以"人民对美好生活的向往不断变为现实"为例

一、课标要求

课程标准对第四学段中"国情教育"的课程内容做了如下要求："了解中国特色社会主义新时代是我国发展新的历史方位,中国社会的主要矛盾发生了新变化,理解中国发展的历史方位"。义务教育教科书(五·四学制)《道德与法治》九年级上册第一单元《富强与创新》、第二单元《民主与法治》、第三单元《文明与家园》、第四单元《和谐与梦想》与课程标准要求紧密度高,故结合党的二十大精神进课堂的初三复习课有了以下学习活动设计。

二、教学过程

新课导入——数读新时代十年伟大变革

教师活动：播放视频,让学生说说印象最深刻的数据,并谈谈感受。

学生活动：观看视频,并畅谈感受。

设计意图：通过视频直观感受新时代十年的伟大变革,了解学生的真实感受,引出本课"人民对美好生活的向往不断变为现实"这一总议题。

子议题 1 美好生活,好在哪里?

1. 设计"微探究——美好生活之我见"情境

(1)微视频一:《社区变迁记》

展示身边的社区从过去的破旧不堪到现在的全新面貌,包括绿化环境、基础设施、文化活动等方面的变化。通过对比,感受社区环境改善带来的美好生活体验。

（2）微视频二：《家庭幸福时光》

展示一个普通家庭在不同历史时期的生活场景，从物资匮乏到如今的丰衣足食，从单调乏味到丰富多彩的文化生活。通过家庭生活的变迁，体会人民生活水平提高带来的幸福感。

2. 任务与挑战

（1）任务一：社区调研微行动

学生分组进行社区调研，了解社区内居民对美好生活的向往和实际需求。通过问卷调查、访谈等方式收集数据，分析社区发展的优势和不足，提出改进建议，并收集反映人民美好生活变化的图片，包括城市风貌、社区环境、家庭生活等。将图片进行整理，在班级中展示，直观感受生活的变化。

（2）任务二：家庭故事分享

学生分享自己家庭中的幸福故事，讲述家庭成员在追求美好生活过程中的奋斗与收获。通过分享，感受家庭幸福是社会稳定和个人发展的重要基石。

3. 问题：美好生活，好在哪里？

设计意图：通过对"美好生活"的微探究，感受生活的变化，体会美好生活的真谛，从而理解并归纳"美好生活，好在哪里"，理解美好生活的深刻内涵，并以此关联和感悟教材相关内容。

子议题2　人民对美好生活的向往不断变为现实的密码何在？

1. 设计"微探究——百家村的变迁"情境

（1）视频和图文：百家村的变迁。

（2）提供学习单并组织讨论。

曾经的百家村：林地内非法种植、宅前屋后私搭乱建、河边房屋垃圾乱堆等现象时有发生。

今天的百家村：百家村围绕"产业兴旺、生态宜居、乡风文明、治理有效、生活富裕"的总要求，携手努力创建"第三批上海市乡村振兴示范村"。

同时,百家村被评为"中国美丽休闲乡村"。在基层党建、村容村貌、基础设施、经济产业、社会治理等方方面面,百家村发生着深刻改变,迸发勃勃生机。

2. 任务与挑战

(1) 任务一:查找百家村变迁的资料,通过视频、图片等方式呈现变迁的过程。

(2) 任务二:小组合作讨论百家村是如何从贫困村成为上海市乡村振兴示范村的,寻找线索,从规划、实施、创新、治理等方面着手。

设计意图:通过小组讨论,学生发现问题、分析问题,探究人民对美好生活的向往变为现实的密码,理解党坚持以人民为中心的发展思想,培育政治认同核心素养。

子议题 3　创造美好生活,我们何为?

1. 设计"微设计——百家村美传万家"情境

2. 任务与挑战

(1) 任务一:以小组为单位设计"百家村美传万家"宣传方案,方案要具体,有可操作性,有创新意识,可以采用大家乐于接受的方式。

(2) 任务二:各小组就方案进行交流分享。

设计意图:通过设计宣传方案,感悟美好生活需要共建共享,提升学生解决问题的能力,厚植家国情怀,增强责任意识。

课堂总结:同学们,通过学习,我们了解到人民对美好生活的向往是推动社会进步的重要动力,党坚持以人民为中心的发展思想、社会的共同努力以及个人的积极奋斗,都是实现这一向往的关键密码。我们感受到国家为实现人民美好生活所采取的一系列政策措施,这些不仅改善了人民的生活,还推动了社会的整体发展。同时,我们也看到了各行各业的人们在为实现美好生活而努力奋斗的身影,他们的付出和贡献让我们深受感动。

在学习过程中,我们也发现实现美好生活并非易事,需要付出艰辛的努力和持续的奋斗。

希望大家能够将今天所学的内容内化于心、外化于行,将个人的追求与国家的发展紧密结合起来,为实现人民的美好生活贡献自己的力量。也希望大家能够珍惜当下的幸福生活,不断努力学习、积极进取,为创造更加美好的未来而努力奋斗!

第四章

体验式学习活动设计与实践

第一节　体验式学习活动的内涵与应用

一、体验式学习的内涵

体验式学习（Experiential learning）是一种教学方法,强调学生通过亲身经历来学习。体验式学习的核心思想在于,知识并不是一成不变的书本内容,而是可以通过实践活动不断建构和发展的,即知识和技能是通过实践获得的,而不是通过被动接受获得的。

体验式学习不是单纯被动地接受知识,而是强调学生通过亲身经历、实践操作、主动参与来习得技能和理解概念。它不同于传统的"填鸭式"教育,而是强调学习过程本身,学生在体验中思考、反思、内化,进而构建坚实的知识体系和培养关键能力。

体验式学习并非一个全新的概念。在古代,许多哲学家和教育家就强调实践和经验在学习中的重要性。例如,古希腊哲学家亚里士多德提出"我们通过做来学习",强调了实践对于知识获取的重要性。在中国古代,教育家孔子也提倡"学以致用",认为学习的最终目的是要将所学知识应用于实践中。这些思想为体验式学习的发展奠定了基础。后来,美国教育家约翰·杜威最早提出了体验式学习,他认为,学习是一个循序渐进的过程,从感知经验开始,然后是反思经验,最后是应用经验。他认为,学生只有通过亲身经历,才能真正理解和掌握知识。

随着教育理念的不断更新和技术的进步,体验式学习在现代得到了更广泛的关注和应用。许多教育家和心理学家开始深入研究体验式学习的理论和实践方法,提出了一系列具有影响力的理论和模型。例如,大卫·库伯的体验学习圈模型,该模型描述了体验式学习的四个阶段:具体体验、反思观察、抽象概括和主动应用。这四个阶段相互关联、循环往复,构成了体验式学习的完整过程。体验式学习也在教育、培训、企业管理等多个领域都得到了广泛的应用。

二、体验式学习的特点

那么，为什么体验式学习如此有效呢？主要体现在以下三个方面。

（一）实践性

体验式学习打破了传统课堂中理论和实践的割裂，将知识嵌入具体的活动和情境中。学生不再是单纯的知识接受者，而是积极参与者和实践者。例如，在模拟法庭审判中，学生们会扮演法官、律师、陪审员等角色，亲自体验法律程序的运行，加深对法律条文的理解和运用。这种亲身体验式的学习，比起单纯阅读法律条文，要更加直观、深刻，也更容易激发学生的学习兴趣和参与热情。

（二）参与性

传统课堂通常以教师讲授为主，学生往往处于被动听讲的状态。而体验式学习则以学生为中心，强调学习的主动性和参与性。学生不再只是知识的接受者，而是学习过程的积极参与者和建构者。例如，在道德困境情境演练中，学生们需要积极讨论、表达观点、提出解决方案，在互动交流中加深对不同价值观和行为后果的理解，形成自己的道德判断标准。这种主动参与的过程，不仅能调动学生的积极性，还能培养他们的批判性思维、沟通表达能力、团队合作精神等关键能力。

（三）互动性

体验式学习鼓励学生之间的互动交流和合作，学习不再是孤军奋战的单向活动，而是共同探索和建构的过程。学生们在体验式活动中，通过角色扮演、小组讨论、头脑风暴等方式，彼此分享观点、经验和想法，在互动中共同建构知识、解决问题。例如，在社区服务项目中，学生们需要协作完成特定的任务，在团队合作中磨合彼此的个性和能力，提升协作沟通和解决问题的能力。这种互动式的学习，不仅能促进知识的分享和理解，还能增进学生之间的友谊和团队意识,培养良好的社会适应能力。

三、道德与法治学科的体验式学习应用

课程标准提出,道德与法治课程所要培养的核心素养包括政治认同、道德修养、法治观念、健全人格和责任意识五个方面。这与体验式学习强调的主动参与、反思实践、应用经验的理念高度契合,学生通过亲身经历道德困境、模拟法律程序、参与社区活动等,可以更加深刻地理解抽象的道德规范和法律条文,并将其内化为个人的行为准则。以下我们围绕培育学生道德修养、法治观念和责任意识进行讨论。

(一)道德修养

道德困境是涉及人们在面对复杂的道德情境时所遇到的困惑和选择,体验式学习能够引导和帮助学生更好地理解和应对道德困境。

体验式学习活动一 道德困境

步骤一:选择合适的道德困境案例

(1)案例筛选:挑选与课程内容紧密相关的道德困境案例。这些案例可以是现实中的社会事件、历史事件或虚构的情境,但必须能够引发学生的思考和讨论。

(2)情境描述:向学生清晰、生动地描述道德困境的情境,确保他们能够理解并投入其中。

步骤二:引导学生进入角色

(1)角色扮演:将学生分成若干小组,并让他们选择或分配角色,如困境中的决策者、受影响的个体等。

(2)情感投入:鼓励学生想象自己处于该情境中,感受角色所面临的压力和冲突。

步骤三:开展小组讨论

(1)讨论引导:教师提出引导性问题,如"你会如何做出决策?""这个决策可能带来哪些后果?"等,激发学生思考。

（2）观点碰撞：鼓励学生充分表达自己的观点和看法，并与小组成员进行深入的讨论和交流。

步骤四：反思与总结

（1）个人反思：引导学生回顾自己在讨论中的表现和思考，反思自己的决策过程和理由。

（2）集体总结：全班分享各小组的观点和决策，并总结不同决策可能带来的后果和影响。

步骤五：联系现实与理论

（1）理论对接：将讨论内容与学科理论相结合，讲解相关的道德理论、伦理原则等。

（2）现实联系：引导学生思考如何将所学理论知识应用到现实生活中，如何做出符合道德原则的决策。

步骤六：道德行动计划

（1）制定计划：鼓励学生制定个人的道德行动计划，明确在面临类似困境时应该如何行动。

（1）持续跟踪：教师可以定期回顾和更新这些计划，以确保学生在实践中能够持续应用所学的道德知识。

步骤七：评价与反馈

（1）学生自评：学生评价自己在整个体验式学习过程中的表现，识别自己的优点和不足。

（2）同伴互评：同学之间互相评价，提供建设性的反馈和建议。

最后教师对整个活动进行总结，强调道德决策的重要性，并鼓励学生在日常生活中继续实践和反思。

通过这种学习方式，不仅有助于学生理解和分析道德困境，还培养了他们的道德判断力和责任感，提升批判性思维、换位思考的能力，体会不同选择背后潜在的价值观冲突和伦理后果。同时，通过体验式学习学生能够更加深入地体验和理解道德决策的过程和后果，从而在实际生活中做出正确的选择。

（二）法治观念

道德与法治学科中,模拟法庭是体验式学习应用比较广泛的学习活动。活动中学生能更好地理解和应用理论知识,尤其是晦涩的法律条文和严谨的法律程序等,提高实践能力和综合素质。

体验式学习活动二　模拟法庭

步骤一:确定模拟法庭主题和案例

(1)选择主题:根据课程内容和教学目标,选择适合的模拟法庭主题,如涉及宪法、刑法、民法等领域的案例。

(2)挑选案例:挑选具有代表性、典型性且适合学生讨论的案例,确保案例内容既符合法律规定,又具有一定的争议性和教育意义。

步骤二:筹备与组织

(1)分组与角色分配:将学生分成若干小组,每组代表不同的诉讼角色,如原告、被告、法官、律师等。确保每个学生都有机会扮演不同的角色,体验不同的诉讼职责。

(2)准备材料:学生需要自行收集、整理案件相关的法律条文、证据材料、辩护词等,为模拟法庭活动作好准备。

步骤三:模拟法庭实施

(1)开庭仪式:模拟法庭活动开始前,举行简短的开庭仪式,介绍模拟法庭的目的、规则和流程。

(2)庭审过程:学生按照真实的法庭程序进行模拟庭审,包括原告陈述、被告答辩、举证质证、法庭辩论等环节。教师要密切关注庭审过程,确保活动顺利进行。

步骤四:总结与反思

(1)庭审总结:庭审结束后,教师组织学生进行总结,回顾整个庭审过程,分析各方的表现和不足。同时,引导学生对案件涉及的法律问题进行深入讨论和思考。

（2）反思与启示：学生需要对自己的表现进行反思，总结在模拟法庭活动中学到的知识、技能和经验。同时，教师引导学生思考如何将所学理论知识应用到实际生活中，培养法治意识和法治精神。

步骤五：评价与反馈

（1）学生自评：学生自我评价在模拟法庭活动中的表现，识别自己的优点和不足。

（2）同伴互评：同学之间互相评价，提供建设性的反馈和建议。

（3）教师评价：教师对学生的表现进行评价，肯定学生的努力和成果，同时指出需要改进的地方。

通过模拟法庭活动这种学习方式，学生可以更加深入地了解法律知识和法律程序，增强法治意识和法治观念。同时，通过角色扮演和庭审实践，学生可以锻炼自己的实践能力、沟通能力和团队合作精神，对自己的生涯规划有目标和体验。

（三）责任意识

在道德与法治学科中，社会调查和研究是学生通过社会实践的方式去了解社会，关心社会，能够更加深入地理解和应用学科理论知识，培养实践能力和社会责任感。

体验式学习活动三　社会调查和研究

步骤一：确定调查和研究主题

（1）主题选择：选择与课程内容紧密相关的社会现象、问题或事件作为调查和研究的主题。确保主题具有现实意义和教育价值，能够引发学生的兴趣和思考。

（2）目标设定：明确调查和研究的目标，例如，了解社会现象的背景、原因、影响等，以及提出相应的解决方案或建议。

步骤二：制订计划和方案

（1）方法选择：根据主题和目标，选择合适的调查和研究方法，如问卷调查、访谈、观察、文献研究等。

（2）计划制定：制定详细的调查和研究计划，包括时间安排、人员分工、资源预算等，确保计划合理可行，能够保证活动的顺利进行。

步骤三：实施调查和研究

（1）实地调查：按照计划进行实地调查，收集相关数据和信息。在调查过程中，注意保持客观、公正的态度，确保数据的真实性和可靠性。

（2）分析数据：对收集到的数据进行分析和处理，提取有用的信息，为后续的总结和反思提供依据。

步骤四：总结与反思

（1）撰写报告：将调查和研究的结果整理成书面报告，包括调查背景、方法、结果、分析和结论等部分。报告要客观、全面地反映调查和研究的情况。

（2）反思与讨论：组织学生进行反思和讨论，回顾整个调查和研究过程，总结经验教训，提出改进建议。同时，引导学生思考如何将所学知识应用到实际生活中，培养社会责任感和公民意识。

步骤五：分享与展示

（1）成果展示：将调查和研究的成果进行展示，如制作 PPT、举办讲座、发表文章、撰写提案和社情民意等。通过展示，让学生更好地分享自己的经验和收获，增强自信心和成就感。

（2）社会反馈：将调查和研究的结果反馈给相关社会部门或机构，为社会问题的解决提供参考和建议。这不仅能够培养学生的社会责任感，还能让学生感受到自己的行动对社会产生的影响。

通过社会调查和研究这种体验式学习方式，学生能够更加深入地了解社会现象和问题，提高分析问题和解决问题的能力。同时，通过实地调查和团队合作，学生能够锻炼自己的实践能力、沟通能力和团队合作精神，为未来发展打下坚实的基础。

第二节　体验式学习活动现存的问题

一、对学科知识理解的浅显化

在道德与法治学科的体验式学习中,理论知识的浅显化是一个值得关注的问题。这种浅显化如果设计不当,可能会导致学生对相关概念的理解停留在表面,缺乏深度和广度;也会对核心概念的深入理解不足,进而产生概念混淆的现象。下面将对理论知识浅显化及其导致的概念混淆进行更深入的探讨。

（一）理论学习与认知深化的缺乏

1. 理论知识的浅显化

理论知识的浅显化主要体现在学生对核心概念、法律条文及道德原则的理解往往停留在表面,缺乏深入剖析与内化。学生往往记住了法律条款的字面意思或道德规范的简单表述,却未能把握其背后的立法精神、伦理逻辑及社会意义。例如,对于"公平正义"的理解,学生可能仅视为一种口号,而未能深刻理解其在社会分配、司法实践中的具体体现及重要性。此外,由于教学方法单一或教材内容编排的局限性,部分理论知识被简化处理,忽略了其复杂性和多层次性,导致学生难以形成全面、深刻的认识,难以从多角度、多层次探讨道德与法治的诸多问题,阻碍知识的内化与迁移。

2. 概念混淆

由于理论知识的浅显化,学生在理解概念时容易出现混淆。他们可能无法准确区分不同概念之间的界限和差异,导致在使用这些概念时产生错误或歧义。

例如,在道德与法治学科中,有很多相近或相关的概念,如"民主"与"自由"、"公平"与"正义"等。如果学生没有深入理解这些概念的理论基础,只是简单地根据字面意思进行理解，就很容易产生混淆。这种混淆不仅会影响学生对学科知识的掌握，还可能影响他们的价值判断和道德行为。

（二）缺乏深入理解

体验式学习强调学生的亲身参与和实践体验，但如果在实践过程中缺乏对学科概念的深入讲解和引导，学生可能只是停留在表面的理解和感受上。他们可能无法深入理解学科知识的内涵、原则和价值观，从而无法形成全面而深刻的认识。

1. 表面记忆

学生只是机械地记忆学科的知识点，如概念、定义和理论框架，但没有真正理解这些知识的内在逻辑和深层次意义。

2. 理论与实践脱节

尽管道德与法治学科强调理论与实践的结合，但学生可能仅从书本上学习理论，未能将其应用于实际情境中，导致理论与实践脱节。

3. 缺乏对背景和历史的理解

道德与法治学科很多内容都与其背后的历史、文化和社会背景紧密相连，缺乏对这些背景的理解，学生很难全面把握学科的核心要义。

4. 批判性思维的缺失

缺乏深入理解使学生难以对学科内容进行批判性思考，难以提出自己的观点和见解。

（三）忽视理论学习

体验式学习强调实践体验，但也可能导致学生对理论学习的忽视。在学科学习中，道德和法治理论是理解和应用这些概念的基础。如果过分强调实践体验而忽视理论学习，学生可能无法全面理解道德和法治的本质和内涵，从而导致理解的浅显化。

1. 实践活动缺少理论指导

当学生在进行实践活动时，如果没有充分理解背后的理论知识，即知识理解得不全面，那么这些活动就可能变得盲目和无效。没有理论指导的实践活动缺乏深度和针对性,无法真正达到体验式学习的目的。

2. 忽视理论的深度挖掘

体验式学习有时可能过于注重实践的形式和过程,而忽视了对理论知识的深入挖掘。没有理论知识的支撑,学生对学科的理解可能只停留在表面,无法全面把握其内在逻辑和深层含义。

所以,若只有体验,没有理论知识的学习,学生便难以形成对学科的系统认识,也难以将所学知识整合为一个有机的整体,更别谈转化成自己的知识体系和逻辑。

例如,在进行义务教育教科书(五·四学制)八年级上册第二单元《遵守社会规则》第四课《社会生活讲道德》中"诚实守信"这一主题的体验式学习活动设计时,学生们被分成两个小组,分别扮演商家和消费者进行模拟购物活动。活动结束后,教师通过问答形式检查学生的学习效果,发现以下问题:① 部分学生对诚信的理解仅停留在表面,例如诚信就是不欺骗、不偷窃等,缺乏对诚信内涵的深刻理解;② 学生难以将诚信概念与实际生活中的具体情境联系起来,无法灵活运用诚信原则解决问题。

究其原因在于:① 体验式学习活动设计过于简单,缺乏对诚信概念的深度挖掘;② 活动缺乏对学生反思和总结的引导,学生难以将体验转化为内在的理解和认知。

二、理论与现实脱节的困境

体验式学习活动能够帮助学生将理论知识与实践经验结合起来,但如果缺乏必要的知识铺垫和引导,学生也可能难以将理论知识应用于实践,导致理论与现实脱节。

(一)理论抽象化

在道德与法治课程中,理论往往是以抽象的概念、原理和体系呈现的。学生在体验式学习中,如果未能将这些抽象理论与现实生活中的具体情境相结合,就难以理解其实际意义和应用价值。这种抽象化的理论不仅难以引起学生的兴趣，还可能让他们感到困惑和挫败。

1. 难以理解理论的现实意义

一些教师直接把理论以高度抽象的形式呈现，学生难以直接理解其背后的现实意义和应用价值。例如，一些政治理论或社会学说可能涉及复杂的逻辑和深奥的术语，使得学生在没有足够背景知识的情况下难以把握其真实含义。这种理论的高度抽象化导致学生在体验式学习中难以将理论与现实情境相结合，从而影响了他们对理论的深入理解和应用。

2. 缺少与日常生活的联系

抽象化的理论往往与日常生活相去甚远，导致学生难以将其与自身的生活经验相联系。在体验式学习中，学生需要通过具体的生活实例来感知和理解理论，但高度抽象化的理论往往缺乏这样的生活实例，使得学生难以形成直观的认识和感受。这种脱离日常生活的理论学习方式不仅降低了学生的学习兴趣，也限制了他们对理论的深入理解和应用。

3. 难以形成系统的知识体系

抽象化的理论往往缺乏系统性和连贯性，导致学生难以形成完整的知识体系。在体验式学习中，学生需要通过不断地实践和反思来逐步构建自己的知识体系。一些教师只是把理论抛给学生，缺乏系统性和连贯性，学生难以形成清晰的认识和理解。

（二）忽视现实问题

体验式学习有时过于注重理论知识的传授，而忽视了与现实问题的联系。学生可能只是被动地接受知识，而没有机会将所学理论知识应用于解决现实中的问题。这就导致理论与现实脱节，使学生难以真正体会到课程的实践性和应用性。

1. 教学内容与现实脱节

一些教师在授课时过于强调理论的抽象性和普遍性，而未能将其与当前的社会现实、时事热点以及学生的生活实际相结合。这就导致学生在学习过程中难以将理论知识与实际问题相联系，难以体会到道德与法治课的实践性和应用性。

2. 缺乏对现实问题的分析和讨论

在体验式学习中,对现实问题的分析和讨论是至关重要的。然而,一些教师在教学过程中只是简单地介绍一些理论观点,而未能引导学生对现实问题进行深入的思考和讨论。这不仅限制了学生的思维发展,也使他们难以将理论知识与实际情况相结合。

3. 学生缺乏解决现实问题的能力

由于教学内容和教学方法的限制,学生可能缺失解决现实问题的能力。他们在面对实际问题时,无法将所学的理论知识应用于实践中,难以提出有效的解决方案。这种缺乏实践能力的状况不仅影响了学生的学习效果,也限制了他们在实际生活中对知识的应用。

(三)实践活动缺乏现实导向

体验式学习中的一些实践活动往往缺乏现实导向,未能真正反映社会现实和时代需求。这导致学生在实践活动中难以接触到真实的社会问题和挑战,难以将所学知识与现实相结合。缺乏现实导向的实践活动不仅难以达到预期的学习效果,还可能让学生失去对课程的兴趣和信心。

1. 实践活动与实际问题脱节

当实践活动缺乏现实导向时,这些活动往往与当前的社会现实问题和学生的生活实际相去甚远。学生可能在参与活动时感觉像是在做一个与现实无关的游戏,而不是真正在探讨和解决实际问题。这样的实践活动不仅不能帮助学生将理论知识与现实相结合,反而可能让他们对道德与法治课产生疑惑和不满。

2. 实践活动缺乏实际操作价值

缺乏现实导向的实践活动往往只是形式上的操作,缺乏真正的实际操作价值。学生可能只是机械地按照教师的指导完成任务,而没有真正理解和应用所学知识。这样的实践活动不仅不能提高学生的实践能力,还可能让他们对道德与法治课产生抵触情绪。

3. 学生难以形成对现实的深刻认识

实践活动的目的是帮助学生更好地理解和应用理论知识,形成对现实的深刻认识。然而,如果实践活动缺乏现实导向,学生就难以通过实践活动获得对现实的真实感知和理解。他们只是停留在书本知识层面,而无法真正理解和把握现实问题的本质和规律。

4. 学生难以形成解决问题的能力

缺乏现实导向的实践活动往往无法真正培养学生的解决问题能力。学生只是按照教师的指导完成任务,而没有真正面对和解决现实问题的机会。这样的实践活动不仅不能提高学生的解决问题能力,还可能让他们在面对实际问题时感到无所适从。

例如,在进行义务教育教科书(五·四学制)九年级上册《第二单元 民主与法治》第四课《建设法治中国》中"法治"这一主题的体验式学习活动时,师生参观了当地的法院,观摩了一场庭审。活动发现以下问题:① 部分学生对庭审程序和法律条文缺乏了解,难以理解庭审过程中的细节和专业术语;② 学生难以将庭审现场看到的现象与书本学到的知识联系起来,更无法将理论知识应用于实践。究其原因在于:① 体验式学习活动与学生实际生活和知识水平脱节,缺乏必要的知识铺垫和引导;② 活动缺乏对学生思考和分析的引导,学生难以将理论知识与实践经验进行有效整合。

三、评估难以全面准确,影响教学改进

体验式学习活动注重学生的参与和体验,其成果难以用单一的标准进行量化评估。传统的评估方式,如考试和测验,难以全面反映学生的学习效果,影响教学改进。

(一)评估的复杂性

道德与法治学科的体验式学习强调学生的参与、体验和反思,这意味着评估不再是简单的知识记忆或应试能力的测试。它涉及学生的态度、情感、价值观、批判性思维等多个维度。因此,要全面准确地评估这些复杂的维

度,就需要更加多元和细致的评价方法。

1. 多元目标的评估

道德与法治学科不仅关注学生的知识掌握,更重视学生的价值观、情感态度、批判性思维等方面的培养。这要求教师在评估时不仅要考虑学生的知识水平,还要评估学生的道德判断、社会责任感等难以量化的内容。但是这种多元目标的评估大大增加了教师的工作量和评估难度,教师受课时和专业发展限制难以做到。

2. 主观性与客观性的平衡

体验式学习强调学生的主观体验和感受,但评估过程中也需要一定的客观性。教师在评估时需要平衡主观性和客观性,既要尊重学生的个体差异和独特性,又要确保评估结果具有一定的普遍性和可比性。这种平衡对于教师来说是一个挑战,教师难以评估全体学生,难免会有遗漏,学生一旦发现教师没有关注自己的体验过程,容易对学科学习失去兴趣。

3. 评估标准的制定

制定合适的评估标准是评估复杂性的另一个方面。道德与法治课因其学科特点,评估标准往往难以量化和统一。这需要教师能根据学生的实际情况、学习内容和学习目标制定具体的评估标准,对教师的专业素养和教学经验提出了更高要求。

4. 评估方法的选择

评估方法的选择也是教师面临的一个问题。教师不能根据学生的学习特点、教学内容和评估目标来选择合适的评估方法,只能采用现成的评估方法,但是不同的评估方法适用于不同的评估目标和内容,选择哪种方法也成了教师的一个难题和挑战。

5. 评估结果的反馈与利用

评估结果不仅是对学生学习情况的反馈,也是教学改进的重要依据。教师需要对评估结果进行深入分析,了解学生的学习需求和问题,并据此调整教学策略和方法。同时,教师还需要将评估结果及时反馈给学生,帮助他们了解自己的学习情况并促进他们的进一步发展。但是,如何反馈? 反馈什么? 评估结果的反馈与利用和上述提到的评估标准、评估方法等密切相关,环环相扣。

（二）量化评估的局限性

传统的量化评估方法,如考试分数或问卷调查,虽然便于操作,但往往难以捕捉到体验式学习中学生的真实体验和思想深层次的变化。例如,学生的道德观念、法治意识、社会责任感等,这些都难以通过简单的量化评估来衡量。

1. 难以捕捉非量化信息

量化评估主要依赖于数值和统计数据来评估学生的学习效果。然而,道德与法治学科的体验式学习过程中,很多重要的信息是无法直接量化的,如学生的情感体验、道德判断、批判性思维等。这些信息对于全面评估学生的学习成果至关重要,但量化评估方法往往难以有效捕捉。

2. 忽视个体差异和独特性

量化评估往往采用统一的标准和尺度来衡量所有学生的学习效果,这忽视了学生之间的个体差异和独特性。每个学生都是独一无二的,他们的学习方式、速度和深度都可能不同。量化评估方法很难充分考虑到这些差异,导致评估结果可能不够准确和公正。

3. 评估结果可能具有误导性

由于量化评估方法主要关注可量化的指标,它可能忽视了一些重要的非量化因素,如学生的学习态度、努力程度等,这会导致评估结果与实际学习效果之间存在偏差,甚至产生误导。例如,一个学生在学科学习中的表现可能受到其他非学术因素的影响,如家庭背景、社会经历等,这些因素在量化评估中往往难以体现。

4. 过度强调分数和成绩

量化评估往往以分数和成绩为主要依据来评估学生的学习效果。这可能会导致学生过分关注分数和成绩,而忽视了对学科本身的学习和理解。过度强调分数和成绩还可能会对学生的心理健康产生负面影响,如焦虑、压力等。

5. 评估过程缺乏透明度

量化评估方法往往依赖于复杂的统计和分析技术,这使得评估过程缺乏透明度。教师和学生难以理解评估的标准和方法,也无法确定评估结果的可靠性和有效性。这种缺乏透明度的评估过程可能会导致学生和教师之间的信任度降低,影响教学效果。

（三）评估的主观性

由于体验式学习注重学生的个体差异和独特性,评估过程中不可避免地存在主观性。不同的评估者可能会对学生的表现有不同的看法和评价,这会导致评估结果的不一致和不准确。

1. 评估标准的模糊性

道德与法治学科体验式学习的评估标准往往较为模糊,不像其他学科那样具有明确的量化指标。这导致教师在评估过程中过分依赖主观判断,根据学生的表现、参与度和反馈等信息来评估学生的学习效果。这种模糊性会导致评估结果的不一致和主观性。

2. 评估过程中的偏见和主观性

教师在评估过程中受到个人偏见、情感倾向等因素的影响,导致评估结果的主观性。例如,教师可能更倾向于评价那些积极参与、表现突出的学生,而忽视那些表现一般或不突出的学生。这种主观性会影响评估的公正性和准确性。

3. 评估结果的解释和利用

评估结果的解释和利用也涉及主观性。教师需要根据评估结果来了解学生的学习情况、问题和需求,并据此调整教学策略和方法。然而,由于评估结果本身存在主观性,教师在解释和利用这些结果时也会受到个人主观因素的影响。

（四）评估资源的不足

进行全面准确的评估需要投入大量的时间和资源。然而,我们在实际教学中,由于种种原因,如师资力量、时间安排等,评估工作往往得不到充分的重视和支持,这也影响了评估的准确性和教学改进的有效性。

1. 时间资源不足

评估一个学生的学习效果往往需要花费大量的时间,特别是在道德与法治学科的体验式学习中,由于强调学生的参与、体验和反思,评估过程可能更加复杂和耗时。然而,在实际教学中,教师面临时间紧迫、精力不足等问题,难以投入足够的时间和精力来进行全面准确的评估。这导致评估工作匆忙完成,为了评估而评估,结果难以反映学生的真实情况。

2. 人力资源不足

评估工作通常需要多人合作完成,包括教师、学生同伴等。然而,在实际学习活动中,由于人力资源有限,往往难以组建足够的评估团队。这就导致评估工作只能由少数教师或学生来完成,基本就是教师一人完成,评估结果的主观性和局限性增加。

3. 物资和技术资源不足

进行有效的评估可能需要一定的物资和技术支持,如评估工具、软件、设备等。然而,一些学校由于经费或其他原因,这些资源无法得到充分保障。这就导致评估工作受到限制,难以全面准确地评估学生的学习效果。

例如,在进行义务教育教科书(五·四学制)八年级下册第四单元《崇尚法治精神》第八课《维护公平正义》中"公平"这一主题的体验式学习活动时,师生进行了一场模拟法庭的辩论赛。在活动中发现以下问题:① 活动结束后,教师仅根据学生的辩论表现进行评估,对学生辩论前的准备工作、辩论后的效果等没有进行全面评估,这就难以全面反映学生参加整个体验活动的过程和效果;② 缺乏评估标准,没有恰当的评估方法,学生难以了解自己在过程中的表现,更不能了解自身的优势和不足,缺乏改进的方向和动力。分析其原因在于:① 评估方式过于单一,教师只是在活动结束时进行点评,缺乏多元化的评估手段;② 缺乏对学生反思和总结的引导,学生难以将体验转化为内在的收获。

第三节　体验式学习活动优化策略

一、精心设计,打造沉浸式体验

(一)明确学习目标,聚焦核心能力培养

精心设计道德与法治课体验式学习,打造沉浸式体验,首先需要明确学习目标,并聚焦核心能力的培养。这一策略旨在确保学生在学习过程中能够清晰地了解他们所要取得的学习成果,以及这些学习成果如何与他们的核心能力提升相关联。

1. 明确学习目标

明确学习目标是体验式学习的第一步,它为整个学习过程提供方向。学习目标应该与课程的核心内容紧密相关,并体现出课程的教育目标和价值导向。而且明确学习目标有助于学生理解他们在学习过程中的角色和责任,从而更加积极地参与到学习中去。例如,一个模拟法庭活动的目标可以是学生运用法律条文进行庭审辩论,而非单纯模拟外在形式。

师生在确定学习目标时需要考虑以下因素:

(1)课程标准

课程标准是制定学习目标的直接依据。它规定了学生在特定学习阶段应掌握的知识、技能和态度,相应的学习内容和要求,以及所要培育的核心素养。

(2)学生的实际情况和需求

学生的年龄、认知水平、兴趣爱好、学习风格等实际情况,以及他们在生活和学习中面临的实际问题和需求,也是确定体验式学习目标的重要依据。了解学生的实际情况和需求,有助于制定符合学生实际、能够激发他们学习兴趣和动力的学习目标。

（3）社会发展和时代要求

社会在不断发展和变化，新的知识和技能不断涌现。道德与法治学科体验式学习目标的确定必须考虑社会发展和时代要求，反映当前社会对人才培养的需求和期望。这样，学生在完成体验式学习后，才能更好地适应社会的发展和变化。

（4）学科特点和教育价值

不同学科具有不同的特点和教育价值。在确定体验式学习目标时，应充分考虑学科的特点和教育价值，体现学科的核心素养。这有助于学生在学习过程中形成对学科的深刻理解，并培养他们的学科核心素养和综合能力。

（5）教育资源和环境条件

学校的教育资源和环境条件对体验式学习目标的确定也有一定影响。教师应根据学校的教育资源和环境条件，制定切实可行的体验式学习目标。这包括学校的师资力量、教学设施、校外合作资源等，以确保体验式学习的顺利实施和目标的达成。

2. 聚焦核心能力培养

聚焦核心能力培养是另一个关键方面。在道德与法治课中，核心能力通常包括批判性思维、合作能力、法治观念、道德判断、社会责任感等，并围绕这些能力设计学习活动内容和环节。

在进行体验式学习活动设计时，教师可以设计各种问题、案例和活动，引导学生对问题沉浸式地深入思考和分析，鼓励学生质疑、反思和挑战既有观点和理论，培养他们的批判性思维。教师可以组织学生进行社会调查、社区服务、社会探究等活动，学生在实践中了解社会问题和需求，参与解决实际问题，增强社会责任感。可以通过小组讨论、演讲展示、辩论等形式，设计分组任务和协作活动，让学生在团队中相互合作、共同解决问题，积极参与讨论和交流，培养他们在公众场合表达自己观点和想法的勇气及能力。

（二）贴近学生实际，选择真实情境

1. 贴近学生实际

贴近学生实际在道德与法治学科的体验式学习中具有至关重要的意义。它强调将学习的内容与学生的日常生活、经验、兴趣和关注点充分结合，确保学习材料、活动设计和教学方法都能引起学生的共鸣，从而激发他们的学习兴趣和动力。例如，道德困境的情境可以选取网络安全、校园欺凌等与学生息息相关的内容，引发他们的思考和共鸣。教师在日常教学中可以采用以下方法：

（1）利用学生生活经验

教师需要充分了解学生的生活背景、兴趣爱好和日常活动，然后将这些元素融入学习活动的设计中。

（2）结合学生兴趣点

学生的兴趣点是重要参考，教师可以通过问卷调查、面对面交流等方式了解学生的兴趣爱好，然后在设计学习活动时将这些兴趣点融入其中。比如，如果学生对环境保护感兴趣，教师可以组织一次关于绿色生活方式的体验式学习活动，让学生在实践中了解环保的重要性，并培养他们的环保意识。

（3）反映学生关注点

教师还需要了解学生的关注点，即他们当前最关心、最困惑的问题。这些问题可能是关于个人成长的，也可能是关于社会现象的，这样不仅能引起学生的共鸣，还能帮助他们找到解决问题的方法。

2. 选择真实情境

真实情境指的是与学生现实生活紧密相关、能够反映社会实际问题的场景或环境。教师可以利用真实的案例、情境和素材，帮助学生建立知识与现实世界的联系，增强活动的真实性和代入感，从而更好地理解和应用所学知识，让学生有身临其境的感觉。真实情境的选择要遵循相关性、典型性、可操作性和教育性，要与学生的生活经验、兴趣爱好和社会环境紧密相关，确保学生能够产生共鸣;选择能够代表某一类社会现象或问题,具有普遍性和代表性;选择便于教师在课堂上进行操作和实施,同时也应适合学生的年龄和认知水平;选择具有一定的教育价值,能够引发学生的深入思考和讨论,促进他们核心素养的培育。

我们可以通过以下方式应用真实情境:

(1) 角色扮演

学生根据情境设计进行角色扮演活动,在模拟的真实环境中体验不同的社会角色,从而加深对相关知识的理解。

(2) 案例分析

选取真实的社会案例作为教学材料,引导学生深入体验案例场景和角色,进行分析和讨论。通过剖析体验案例中的关键问题、矛盾冲突和解决方案,更加直观地了解社会现象和问题的本质。

(3) 实地考察

在条件允许的情况下,组织学生进行实地考察,亲身体验真实的社会环境。通过观察和调查,学生收集第一手资料,加深对所学知识的理解和应用。

(4) 模拟演练

针对某些具有风险或难以实地考察的情境,可以采用模拟演练的方式进行。通过模拟真实情境中的关键要素和变量,学生可以在安全的环境中进行实践操作和练习。

(三)提供充分学习资源,营造沉浸氛围

1. 提供充分的学习资源

为学生提供必要的学习材料、道具、技术支持等资源,打造沉浸式体验的学习环境。例如,模拟法庭活动可以提供法典、案例材料、法庭服饰等道具,增强真实感和参与感。

为满足不同学生的学习需求,教师可以提供多样化的学习资源,包括文字资料、图片、视频、音频等,以及相关的网站、应用程序和在线课程等。

道德与法治学科的特殊性决定了学习内容要不断更新和完善。教师为学生提供与时俱进的学习资源,涵盖最新的社会现象、政策法规和理论观点。学生才能在学习过程中保持对现实世界的敏锐感知和深刻理解。

2. 营造沉浸氛围

教师可以利用多媒体技术、虚拟现实技术等手段,营造逼真的氛围,让学生获得更全面的沉浸式体验。

(1) 充分利用信息技术

信息技术可以将抽象的概念和理论转化成生动、具体的场景,学生在这些具体的场景中体验感受,犹如身临其境。

(2) 激发情感共鸣

道德与法治学科往往涉及一些具有情感色彩的话题,如爱国主义、社会责任等。为更好地理解和体会这些话题,可以营造情感共鸣的氛围,如通过讲述感人至深的故事、展示震撼人心的图片或视频等方式实现。

二、注重参与,激发主动探索

(一)赋予学生自主权,鼓励主动参与

这种做法不仅能够激发学生的学习兴趣和动力,还能促进他们的深度学习,培养批判性思维和主动学习的习惯。让学生有自主选择权,根据自己的兴趣、需求和学习进度来选择学习内容、方法和途径。例如,教师可以为学生提供多个体验的主题或案例,让他们根据自己的兴趣选择一个进行深入探究。让学生在学习过程中承担一定的决策责任,例如,在模拟法庭体验活动中,学生选择担任不同的角色,如法官、律师、记录员、原告、被告等,在实践体验中学会如何做出决策、如何与他人合作等。赋予学生自主选择的权利,能够营造积极的学习环境和氛围,学生乐于参与其中,更能沉浸其中,获得收获。

(二)开放多元观点,尊重平等交流

鼓励学生在体验活动中自由表达观点,进行质疑和辩论,营造包容开放的学习氛围。例如,道德困境情境的角色体验中,不同角色的观点可能存在冲突,教师不要试图去说教,应引导学生理性分析、相互尊重、相互倾听,在交流中形成更深刻的理解。

允许学生表达不同的观点,在多元化的观点交流中,学生能够接触到更多的信息和思考角度,从而更全面地理解问题,形成更丰富的知识体系。同时在多元化的观点交流中,鼓励学生质疑和批判,学会辩证地看待问题,不盲目接受既有观点,而是经过思考和分析后形成自己的见解,这是培养批判性思维的重要途径。学生在讨论和辩论中,需要不断寻找新的论据和观点来支持自己的立场,这一过程往往能够激发他们的创造力和想象力,有助于培养他们的创新精神。

这样的氛围需要建立平等的师生关系,师生、生生之间善于倾听、注重理解,学生更敢于质疑,教师允许学生犯错,注重体验过程,形成尊重、平等的积极氛围。

(三)提供反思引导,促进内化成长

通过引导学生进行深入反思,可以帮助他们更好地理解和应用所学知识,实现知识的内化和个人成长。

教师可以根据教学内容和学习目标设计反思问题,帮助学生回顾学习过程、分析学习成果、评估学习表现,并引导他们进行深入思考。同时鼓励学生自我反思,通过写日记、做笔记、整理学习资料等方式主动总结,从而更加深入地理解和应用所学知识。

三、创新评估,多元视角捕捉成长

(一)开拓多元评估方式,超越单一标准

多元的评估方式强调在评价学生的学习成果时,不仅仅依赖于传统的笔试或单一的评价标准,而是采用多种评估手段,以更全面、更准确地反映学生的综合素质和能力。

教师要结合课堂表现和实践活动进行评价。除了传统的笔试评价外,还可以将学生的课堂表现、小组讨论、实践活动等纳入评价体系。例如,观察学生在课堂上的发言、讨论、参与度、合作表现、沟通能力、问题解决能力等，以及他们在实践活动中的表现和创新能力，并进行记录和分析。

教师可以采用多种评价手段，如让学生撰写报告、展示作品，表达对相关问题的思考和理解；鼓励同伴互评，学生之间互相评价彼此的表现和优缺点，以获得更全面的反馈。

（二）重视过程性评价，关注能力培养

过程性评价的关键在于观察、记录和分析学生在学习过程中的表现，而不仅仅是关注最终的学习成果。

1. 学习目标与评价标准

在进行过程性评价之前，首先需要设定明确的学习目标和评价标准。目标要与学生的整体发展相关，具有可观察、可衡量的特点。例如，道德与法治学科可以设定培养学生批判性思维、沟通能力、团队合作能力等目标，但是这些目标都较为抽象，教师需要制定相应的评价标准。

2. 评价工具与方法

为更全面地了解学生的学习过程，教师需要利用多种评价工具和方法。例如，通过学习日志、反思报告、项目作品等来收集学生的自我反思和自我评价信息；可以使用课堂观察记录表、小组讨论评价表等来记录学生在课堂上的表现；还可以使用问卷调查、访谈等方式来收集学生对学习过程的看法和感受。

3. 持续观察和记录

教师还需要持续观察和记录学生的学习过程。过程性评价强调对学生学习过程的关注，因此教师需要持续观察和记录学生在学习过程中的表现。可以通过课堂观察、作业批改、小组讨论、学生自我反思等方式进行。在观察过程中，需关注学生的学习态度、学习方法、学习策略等方面，并及时记录。

（三）建立反馈机制，促进持续改进

学习活动结束后，教师要及时收集学生和同行教师的反馈，分析活动的效果和存在的问题,进行持续改进和优化,以更好地满足学生的学习需求。

可以设计合适的反馈工具和方法。例如,采用问卷调查或访谈的方式,收集学生对学习内容、教学方法、学习过程等方面的看法和感受。在收集学生的反馈信息后,教师应及时提供针对性的反馈和指导。反馈应具体、明确,针对学生的优点和不足提出具体的建议和改进措施。同时,还应关注学生的个性化需求和发展方向,提供个性化的学习建议和资源,以帮助他们更好地发展自己的能力和潜力。

第四节 体验式学习活动设计：以"让友谊之树常青"为例

一、课标要求

课程标准对第三学段中"道德教育"的课程内容做了如下要求："懂得谦让、友善和宽容,学会尊重、同情、关心和感恩……"义务教育教科书(五·四学制)六年级全一册第二单元《友谊的天空》第五课《交友的智慧》与课程标准的要求相关度比较高。故我们对第五课第二框"让友谊之树常青"做了如下设计。

二、教学过程

（一）新课导入

教师活动：展示古今中外有关"友谊"的名言。古今中外,众多名人都曾谈论过"朋友"这个话题,我们一起来赏析(展示)。你有好朋友吗? 你还记得你们的友谊是怎么开始的吗?

学生活动：赏析名言名句,体会朋友的意义,分享交流。

教师活动：让我们走近小凡的初中生活,种下一棵名为"友谊"的大树。在这个过程中我们要完成三个任务：收获种子、灌溉树苗和修理树枝,让这棵友谊之树苗壮成长。

设计意图：引导学生赏析名人名言,引起共情,激发学生兴趣。友谊需要建立与呵护,就像大树需要播种和培育,将交友的过程转化成在课堂上种树的过程,通过一个个任务调动学生积极性,让学生成为课堂的主人。

（二）播种：种下友谊的种子

1. 友谊初体验

教师活动：出示情境,交代故事背景,布置体验活动。

（1）情境：新学期的教室里,小凡显得有些不知所措。小学时候的她因为性格内向,在班级里没什么存在感,进入初中后她决定改变自己,可是却不知道该怎么做……

（2）体验活动：请你给小凡出出主意,她该怎么做才能交到更多朋友。

学生活动：运用经验,出谋划策解决问题。

2. 我来出主意

教师活动：出示情境,提出问题。

（1）情境：小凡听了大家的意见,主动和同桌小玲打招呼,收获了一个好朋友。可是当她去和班级里面与她有共同爱好的小李打招呼时,感觉小李的态度不冷不热的,她有点灰心了。

（2）问题：这种情况下,小凡还要主动和小李交往吗？ 她应该怎么做?

学生活动：运用经验,出谋划策提建议。

教师活动：同学们,每个人有不同的性格特点,在交友的过程中,即使被对方拒绝,也并不意味着自己不好。获得友谊的种子不仅需要开放热情,还需要持续的行动,除此之外还需要掌握交友的方法。

设计意图：通过"出谋划策",设置层层递进的情境,体验小凡的经历,认识建立友谊需要主动的姿态,友谊需要持续的行动,学习与他人相处的方法。同时培养分析、解决问题的能力。

（三）育苗：友谊之苗勤灌溉

1. 友谊的辩白,我来辩一辩

教师活动：出示情境,布置任务。

（1）情境：（友谊剧场第一幕）小凡、小李和小玲成为了好朋友。小玲性格内向,不太喜欢表达自己的意见,总是默默倾听。但是她很细心,总是能够在小凡不开心时注意到并安慰她。这天早上,小凡发现小玲有些不对劲,眉头紧锁,下课发呆。放学时小凡关心地问她怎么了,她支吾半天也不肯说。在小凡的追问下,最后小玲不耐烦地说:"你不要再问了,我不想告诉你。"小凡觉得很受伤,觉得小玲并没有把自己当成真正的朋友。

（2）问题：你赞同小凡的想法吗？如果你是小凡，你会怎么做？

学生活动：分配角色，根据情境表演；小组讨论，进行辩论。

教师活动：进行体验总结，小凡是关心朋友的表现，在平时的生活中小玲对小凡的关心与呵护也是真朋友的具体表现。但是每个人都有隐私，我们虽然是好朋友，但是彼此之间也应该保有一定的距离，我们在关心对方的同时也应该学会尊重对方。

2. 友谊的抉择，我来选一选

教师活动：出示情境。

（1）情境：（友谊剧场第二幕）小李性格大大咧咧，与小凡无话不谈，两个人分享了很多自己的"小秘密"。这天小凡把自己喜欢隔壁班男生的秘密告诉了小李，却听到小李对她说："就你这个样子，人家怎么可能喜欢你呢？"小凡什么也没说。第二天小凡听到班级里有女生讨论自己的"秘密"，她非常生气：小李居然把我的秘密告诉了别人！

（2）给出两个选择：A. 当面质问小李。B. 与小李好好谈一谈。

学生活动：认真思考，举手作出抉择；分组进行剧目表演，开启属于自己的剧情篇章。

教师活动：

（1）统计选择解决方案 A 的人数，出示选择 A 对应的剧情发展：小凡不留情面地质问小李，语气非常不好，甚至扬言要把小李的秘密也说出去，两人闹得不欢而散……

提出问题："你希望看到这样的结局吗？"（学生暂时不作回答）

（2）统计选择解决方案 B 的人数，出示 B 对应的剧情发展：小凡找到小李询问她为何要泄露"秘密"，小李也很困惑，自己并没有到处宣扬。小凡并不相信，小李于是提出解决方案，不如直接去询问议论的同学是如何得知的。

提出问题："看完两个剧情发展，你又会做出什么抉择？为什么？"

学生活动：根据教师给出的情境深入思考，并做出抉择；对应自己的选择进行情境表演。

设计意图：通过以上两个体验活动,让学生感悟友谊并不只是建立这么简单,还需要精心呵护。通过不同的剧情展示不同抉择的结局,让学生理解不同的行为会带来不同的结果,让学生学会思考行为后果,学会慎重作出抉择。

（四）修枝：友谊枝条需修理

1. **友谊的持续,我来议一议**

教师活动：出示情境。

（1）情境：有位女同学说是小玲给她们看了小凡的日记本,小凡这才想起自己的日记不知道什么时候丢失了……

（2）问题：如果你是小凡,你会如何对待这份友谊?

学生活动：小组讨论并交流。

在与朋友的交往中受到伤害,我们会有两种选择,一种是选择宽容,还有一种选择是结束这段友谊,两者都需要勇气,也需要智慧。

2. **友谊的持续,我来写一写**

教师活动：布置体验任务。

友谊的大树苗壮成长,面对这棵大树的枝条你会如何修理? 请同学们续写这个故事,这段友谊将会何去何从,也许会有不同的结局……

学生活动：续写故事,分享交流。

设计意图：通过体验活动,让学生为这个故事编写自己的结局,这有利于学生的个性化发展。学生在学习的过程中体会每个人的友谊各不相同,需要从自身的实际情况出发,才能让友谊持续。

（五）收获：友谊之树枝繁叶茂

教师活动：出示道具,分发便利贴,布置任务。

掌握了如何建立和呵护友谊,请把关键词写成友谊小贴士,让我们的友谊之树枝繁叶茂。

学生活动：小组交流,在便利贴上写下交友小贴士,粘贴在友谊之树上。

设计意图：通过写小贴士，学生再次反思自己的行为，并且回顾和总结本课主要内容。

课堂总结：友谊需要建立，同样需要呵护，在你的生活中也许还有更多友谊的故事。但同时也请大家记住，我们不可能和所有人成为朋友，但我们要学会和多数人和睦相处，以诚相待，让友谊温暖你的生活，成为你生活中一道亮丽风景线。

第五章

项目式学习活动设计与实践

第一节 项目式学习活动的内涵与应用

一、项目式学习的内涵

项目式学习(Project-Based Learning，PBL)是一种以学生为中心的教学方法,它通过为学生提供探索真实世界问题和挑战的机会来促进知识的深度理解和应用,强调将知识和技能融入实际项目中,让学习者通过解决真实世界的问题来获得学习成果。项目式学习强调学生主导的学习过程,学生不再仅仅是被动地接受知识,而是以主动参与者和实践者的身份参与到学习过程中,以创造性的方式探索知识的深度和广度,通过探究和合作来解决问题,完成有意义的项目。

项目式学习的内涵包括诸多关键要素,如真实性、探究性、学生主导、合作性、跨学科、公共产品和反思与评估。项目式学习不仅仅是一种课堂活动,它是一种全面的教育策略,旨在帮助学生发展成为终身学习者,具备解决复杂问题的能力。通过这种方式,学生不仅学习到知识,还能够发展关键技能,如批判性思维、创造力、沟通能力和自我管理能力。

二、项目式学习的特点

项目式学习具有一系列鲜明的特点,这些特点使得它成为一种独特而有效的教学方法。以下是项目式学习的几个主要特点。

(一)真实性

项目式学习的一个显著特点是真实性。它是基于现实世界的问题或挑战,使学生能够将所学知识应用于实际情境中,增强学习的真实性和相关性。通过这种方式,学生能够身临其境地感受到知识的实用性,将课堂所学与实际生活紧密相连。在这样的学习过程中,学生不仅需要理解理论,更要学会如何将这些理论应用于复杂的现实环境中,帮助学生建立起知识与现实之间的桥梁,为他们的未来生活和职业发展奠定坚实基础。

（二）探究性

在项目式学习中,探究的过程强调学生的主动性和自主性。学生成为主动的知识探索者和构建者,他们围绕一个明确的主题或问题展开学习,需要主动地去寻找信息、分析数据、设计实验、制定方案等。在这个过程中,学生需要不断思考、尝试和修正,逐渐形成自己的见解和认识。

探究注重实践性和创新性。在这个过程中,学生会遇到各种挑战和困难,促使他们不断思考、尝试和创新,将所学的知识和技能应用到实际情境中,再通过实践来检验自己的学习和研究成果,寻找更好的解决方案和更优的实现路径,从而培养了学生的研究能力和创新精神。

（三）问题驱动

这一特点显著区分了项目式学习与其他的学习活动。问题驱动是指在学习过程中,以问题为导向,通过提出、分析和解决真实世界中的问题,来推动学习的深入。在项目式学习中,问题驱动不仅仅是一个简单的提问过程,它更是一个引导学生思考、探索和实践的框架。学生需要在问题的引导下,自主搜集信息、整理资料、分析数据、提出假设、设计方案并进行实践验证,从而逐步构建起自己的知识体系和能力体系。

问题驱动不仅为学习提供了目标和方向,而且深深影响着学习的过程和结果。在项目式学习中,问题成为学习活动的起点和核心,整个学习活动过程围绕着一个或多个具有挑战性的问题展开,学生主动探索、学习,从而深入理解和掌握知识。

（四）跨学科融合

跨学科融合是项目式学习有别于其他学习活动的又一特点,这一特点使得项目式学习在培养学生综合能力和创新思维方面独具优势。

跨学科融合是指在学习过程中,将不同学科的知识、技能、方法和思维方式进行整合和融合,形成一个有机的学习体系。在项目式学习中,跨学科融合不仅仅是一种知识层面的叠加,更是一种思维方式和方法的整合。这种学习方式打破了传统学科之间的界限,使学生能够从多个角度审视问题,从而可以更加全面、深入地理解和掌握知识,培养跨学科思维和创新能力。

学科知识的融合:在项目式学习中,不同学科的知识被有机地结合起来,形成一个综合的学习任务。学生需要运用多个学科的知识和技能来解决问题,这种跨学科知识的融合能够帮助学生形成更加全面、深入的知识体系。

方法和技能的融合:在项目式学习中,学生需要运用多种方法和技能来完成学习任务。例如,在解决一个实际问题时,学生需要运用调查研究、数据分析、实验验证等多种方法,同时还需要具备团队合作、沟通表达等技能。这种跨学科的方法和技能融合能够帮助学生更好地应对复杂多变的问题和挑战。

思维方式的融合:在项目式学习中,学生需要运用多种思维方式和方法来解决问题。例如,在解决一个创新问题时,学生可能需要运用逻辑思维、创造性思维、批判性思维等多种思维方式,同时还需要具备系统性思维、跨学科思维等多种思维方法。这种跨学科思维方式的融合能够帮助学生形成更加灵活、多元的思维模式和方法体系。

(五)过程与结果并重

项目式学习重视学习过程中的探索、尝试和反思,同时也注重最终成果的展示和评价,过程与结果相互融合、相互促进,共同构成了完整的学习体验。一方面,学生在学习过程中不断思考、探索、合作和反思,通过亲身经历和实际操作,深化对知识的理解和应用,培养解决问题的能力和创新思维。另一方面,强调学习成果的产出和展示,包括项目作品、研究报告、展示演讲等形式,通过成果来检验自己的学习成果和收获。这些成果是学生学习成果的直接体现,也是评价学生学习效果的重要依据。这种过程与结果的融合有助于形成一个完整的学习闭环,促进学生的全面发展。

（六）多样化评估

项目式学习的评估方式多样，既包括项目成果的展示，也包括学习过程中的参与度、合作能力、创新思维等方面的评价。项目式学习中，师生会根据项目的不同阶段制定相应的评价标准和评价工具。这些标准和工具具有多样性和灵活性，旨在全面、客观地评估学生在项目中的表现和成果。通过这种方式，教师能够及时发现问题、调整教学策略，从而更有效地促进学生的全面发展。同时，这种多样化的评估方式也能够激发学生的学习兴趣和动力，使他们在项目式学习中获得更多的成长和收获。

三、道德与法治学科的项目式学习应用

道德与法治学科通过项目式学习方法的应用，旨在培养学生的道德素养、法律意识和公民责任感，其作用和影响力不容小觑。

（一）理论框架与教学目标

1. 理论框架的构建

项目式学习在道德与法治学科中的应用是基于一个精心设计的理论框架，该框架将道德和法治概念与学生的日常生活及社会现实紧密相连。这种方法的核心在于，通过实际情境中的应用，促进学生对道德和法治原则的深刻理解。这一框架不仅关注理论知识的传授，更重视理论知识在现实生活中的应用和实践。在这个框架下，道德和法治教育不再是抽象的概念讲授，而是转化为学生能够直接参与和体验的活动。这种转化使得道德和法治原则在学生心中具有更加生动和实际的意义，从而更加深入地影响他们的思想和行为。

2. 教学目标的明确

在项目式学习的理论框架下，教学目标的设定既全面又具体。首先，教学目标包括传授道德和法治的基本知识，确保学生理解这些基本概念和原则。更重要的是，这些教学目标还包括在实践中培养学生的责任感、公民意识和批判性思维。这种目标设定意味着，学生不仅要学习道德和法治的理

论,还要学会如何将这些理论应用于解决现实生活中的具体问题。例如,通过参与社区服务项目,学生可以学习如何将法治原则应用于社区发展和改善。通过这种方式,学生不仅能够理解道德和法治的重要性,还能够在实际行动中体现这些原则。

（二）教学方法与学生参与

1. 教学方法的创新

在道德与法治教学中,项目式学习的教学方法创新体现在将课堂教学与现实生活紧密结合的项目设计上。这些项目,如社区服务、环境保护、网络道德等,不仅与学生的日常生活息息相关,而且涵盖了社会的关键问题和挑战。这种教学方法的核心在于,通过实际操作和探索,使学生能够直接参与到问题的解决过程中,从而提高学习的实用性和生动性。这种教学方法的理论基础是"学以致用",即通过实践活动加深学生对理论知识的理解和应用。例如,在环境保护项目中,学生可能需要调查本地环境问题,然后设计和实施解决方案。这种方法不仅使学生能够理解环境法规和道德原则,还能够在实际行动中体现这些原则。

2. 促进学生参与

项目式学习在道德与法治教学中强调学生的主动参与。在这些项目中,学生是积极的问题探究者和解决者。这种参与方式鼓励学生从多个角度思考问题,发展独立思考和批判性思维的能力。学生的这种主动参与有助于培养他们的自主学习能力和创新思维。例如,在网络道德项目中,学生可能需要分析网络行为的法律和道德影响,然后提出改善建议。这种活动不仅要求学生理解相关的法律和道德原则,还要求他们能够批判性地分析现实问题,并提出创新的解决方案。

（三）培养综合素质

1. 理解社会的复杂性

在道德与法治教学中,项目式学习的核心之一是帮助学生理解社会的复杂性和多样性。通过参与现实问题相关的项目,学生被引导去深入探索社会现象的各个方面,包括经济、政治、文化和道德等层面。这种探索不是对社会问题的表面认识,而是要求学生进行深入的分析和批判性思考。例如,在一个关于环境保护的项目中,学生可能需要研究环境问题的原因、影响以及可能的解决策略,这不仅涉及科学知识,还涉及政策、法律和伦理等多个领域。通过这样的综合性学习,学生能够更全面地理解社会问题的复杂性,为他们将来作为社会成员做出负责任的决策打下基础。

2. 培养社会责任感和公民意识

项目式学习在道德与法治教学中还着重于培养学生的社会责任感和公民意识。在探讨诸如网络道德等现代问题时,学生不仅学习相关的法律规定,更重要的是,他们被鼓励去深入理解这些行为对个人、社会乃至全球的影响。例如,在网络道德项目中,学生可能会研究网络欺凌的心理影响、网络隐私的法律保护以及数字媒体的伦理使用等问题。通过这些活动,学生不仅能够形成负责任的网络使用习惯,还能够发展成为具有强烈公民意识和社会责任感的个体。这种教育方式使学生意识到,作为公民,他们在塑造更加公正、道德和可持续的社会中扮演着重要角色。

总结来说,项目式学习作为一种有效的教学方法,在各学科中都有所应用,尤其在道德与法治学科中,它通过结合实际情境和社会问题,不仅增强了学生的学习兴趣,还促进了学生综合素质的提升。在初中道德与法治教学中,运用项目式学习可以更好地培养学生的道德意识和法治观念,使他们成为有责任感和良好公民素养的社会成员。

第二节　项目式学习活动现存的问题

一、教学内容与项目式学习的适配性不足

并非所有的道德与法治学习内容都适合转化为项目式学习的形式,在选择项目式学习的主题和内容时,需要仔细考虑其与项目式学习模式的适配性。

（一）教学内容难以直接转化为项目任务

道德与法治学科的教学内容往往包含大量的理论知识、道德规范和法律法规,这些内容在形式上较为抽象和理论化。教师需要将这些抽象的理论知识转化为具体的、可操作的项目任务,这对教师是一个挑战。一些教师难以找到合适的方式将教学内容与项目任务相结合,导致项目式学习的内容与教学目标脱节。

（二）项目任务没有涵盖教学内容

在道德与法治项目式学习中,项目任务的设计应该紧密围绕教学目标和教学内容展开,确保学生在完成项目的过程中能够全面、深入地学习和掌握相关知识,提高沟通协作能力、创新能力等。当前一些教学中存在项目任务没有涵盖教学内容的情况,导致学生的学习与教学目标相脱节,影响学生发展。

教师在进行项目任务的设计时没有充分依据课程标准,导致一些重要的知识没有在项目中体现。学生在完成项目的过程中,无法接触到这些知识,也就无法获得并形成完整的知识体系。

还有一些项目任务即使涉及了部分教学重点内容,但由于设计不够深入或全面,学生只能对知识进行浅尝辄止的学习,无法将其应用于实际生活中。

（三）项目式学习与教学内容在深度和广度上不匹配

项目式学习注重学生的实践能力和创新思维的培养，强调学生在真实情境中学习和解决问题。道德与法治学科的教学内容往往需要在深度和广度上达到一定的要求，以确保学生能够全面、深入地理解和掌握相关知识。在项目式学习中，存在项目任务的深度和广度与教学内容不匹配的情况，导致学生的学习效果不佳，甚至对一些知识产生误解或混淆。

（四）项目式学习难以体现道德与法治学科的特殊性

道德与法治学科具有其特殊的学科属性和教学要求。在项目式学习中，教师需要充分考虑道德与法治学科的特殊性，设计符合学科特点和教学要求的项目任务。但是在实际操作中，一些教师难以准确把握道德与法治学科的特殊性，导致项目式学习的内容与学科要求相悖，影响学生的学习体验和教学效果。

二、项目式学习活动资源和支持不足

项目式学习需要丰富的资源和支持，如专业指导、时间、资金、技术设备等，但许多学校在这些方面存在不足。

（一）缺乏实践性的教学资源

在进行道德与法治项目式学习时，教师们往往发现，现成的、与实践活动紧密相关的教学资源十分有限。传统的教材和教辅材料大多侧重于理论知识的传授，而与实践相结合的案例、活动设计等资源则相对较少。这使得教师在设计和实施项目式学习时，需要额外花费大量时间和精力去搜集和整理相关资源。

（二）数字化教学资源不足

在当今数字化时代，网络教学资源本应成为项目式学习的重要辅助手段。但是，目前网络上关于道德与法治学科项目式学习的优质教学资源并不多见。尤其是缺乏互动性强、能够激发学生兴趣的多媒体教学资源，这在一定程度上制约了项目式学习的深入开展。

（三）缺乏专业的师资和专业的指导与支持

道德与法治项目式学习是一种创新的教学方式,需要教师们具备较高的专业素养和教学能力。现阶段缺乏具有专业知识和经验的教师来指导项目式学习,针对这一领域的专业培训和指导也相对较少,教师缺乏系统的培训和实践经验,难以有效地设计和组织项目式学习活动。项目式学习又是一个周期性的活动过程,教师因为时间、精力或其他原因,无法对项目式学习给予持续的关注和支持。

（四）学校和社会的支持不够

道德与法治项目式学习需要学校和社会各方面的支持和配合。目前很多学校对于这一新兴的教学方式还不够重视,缺乏必要的资金投入和政策支持。同时,社会各界对于道德与法治教育的关注度也有待提高,这在一定程度上影响了项目式学习的推广和实施。

三、学生学习能力存在差异

学生的自主学习能力和合作能力存在差异,导致部分学生在项目式学习中遇到困难。

（一）自主学习能力差异的影响

1. 学习进度不同步

自主学习能力强的学生能够更快地掌握新知识和技能,而自主学习能力较弱的学生需要更多的时间和指导。这在项目式学习中导致学习进度的不同步,使得教师在教学安排上面临挑战。

2. 问题解决能力参差不齐

自主学习能力强的学生通常能够更好地分析和解决问题,而自主学习能力弱的学生在面对问题时感到困惑和无助。这种差异在项目式学习中尤为明显,因为项目式学习强调学生的独立探索和问题解决能力。

3. 学习动机和态度有别

自主学习能力强的学生往往对学习有更高的热情和主动性,而自主学习能力弱的学生缺乏学习动力,对项目式学习的兴趣不高。这会影响整个项目式学习的氛围和效果。

(二)合作能力差异的影响

1. 团队协作效率受影响

在项目式学习中,学生通常需要分组合作完成任务。合作能力的差异可能导致团队协作效率低下。一些学生不善于与他人沟通协作,导致团队内部出现矛盾或分工不明确等问题。

2. 资源共享不均

合作能力强的学生更懂得如何与他人分享资源和经验,而合作能力弱的学生更倾向于独自完成任务,不愿意或不知道如何与他人共享资源。这会影响团队内部资源的有效利用和整合。

3. 成果展示和质量不均

在项目式学习的成果展示环节,合作能力的差异也会导致展示效果和质量的不均。合作能力强的团队能够更好地整合成员的意见和成果,呈现出更优秀的作品;而合作能力弱的团队因为内部沟通不畅或分工不明确等问题,导致作品质量不佳。

四、项目设计与实际教学的偏差

设计和实施一个高质量的项目式学习活动需要耗费大量时间和精力,且需要精心规划和组织。但是教师往往花费大量时间精力设计的项目式学习,活动开展却不尽如人意。

(一)项目设计脱离课程标准

在道德与法治项目式学习中,项目设计应紧密结合学科课程标准,围绕学科核心素养进行设计,以确保学生能够系统地掌握相关知识和技能,提升综合素质。但是一些项目设计偏离了课程标准,学生在参与项目的过程中无法有效地巩固和深化理论知识,导致理论知识零散,缺乏系统性。设计偏离课程标准,也会导致项目开展过程中学生不知所云,背离了学科开展项目式学习的目的。

（二）项目设计没有充分考虑学生的学习能力差异和社会经验背景

每个学生的学习能力和社会经验背景都是不同的,这要求项目设计应具有一定的灵活性和适应性。若项目设计得过于复杂或简单,没有充分考虑到学生的兴趣和需求,那么学生在活动过程中很难真正深入,影响参与度和学习效果。

1. 项目设计没有考虑到学生学习能力存在差异

学生的学习能力存在个体差异,有的学生学习速度快,能够迅速理解新知识;而有的学生则需要更多时间来消化和吸收。对于学习能力强的学生来说,项目可能过于简单,缺乏挑战性,难以激发他们的学习兴趣和积极性。对于学习能力相对较弱的学生来说,项目可能过于复杂,他们难以理解项目要求和任务,会感到挫败和焦虑,甚至可能放弃参与。

2. 项目设计没有考虑社会经验背景对学习的影响

学生的社会经验背景也各不相同,他们来自不同的家庭、社区和文化背景,这些因素都会影响他们对道德与法治问题的理解和认知。如果项目设计没有考虑到学生的社会经验背景,对于社会经验较为丰富的学生来说,项目过于表面化,难以触及他们的实际生活和经验,会导致他们感到项目内容缺乏深度和广度。对于社会经验相对较少的学生来说,项目过于复杂或抽象,他们难以理解项目所涉及的社会现象和问题,会感到困惑和无助。

（三）项目设计过于粗略导致实际教学的偏差

在项目式教学中,教师应将大项目分解成若干小任务,以便学生能够逐步攻克,最终实现既定的学习目标。然而,有的项目设计过于笼统,未将复杂的项目拆分成具体、明确的小任务,学生感到迷茫和无助,不知道从何开始,不清楚接下来要做什么,也难以评估自己的进度和成效。这种情况下,项目式学习不仅不能发挥其应有的教育效果,反而成了学习负担,导致学生对整个学习过程失去兴趣和动力,甚至产生挫败感。

（四）项目教学过程中缺少监督和评价

道德与法治项目式学习，需要多样化的评价方式来全面评估学生的表现，包括知识掌握、技能运用、情感态度等方面。活动过程中需要多种评价工具，过程性评价和结果性评价并重，才能全面有效地评价学生的学习过程。但是一些项目中教师缺乏多样化的评价工具，只关注学生的项目成果，忽略了学习过程中学生的各种表现，导致评价变得单一和片面。

项目式学习是一个周期性的学习过程，缺少监督和评价的项目式学习会带来诸多问题。教师没有关注学生在项目过程中的表现，没有及时关注、鼓励和指导，学生就会产生中途放弃的想法，无法保持持续的学习动力和兴趣。学生参与度下降，学习进度受阻，导致项目无法顺利完成。

五、跨学科协作难度大

道德与法治项目式学习通常需要跨学科协作，但不同学科教师之间的协调和合作存在难度。

（一）教学理念的冲突

由于各学科教师受自身专业背景和培训经历的影响，他们在教学方法和理念上存在显著差异，这种差异在协作过程中导致沟通障碍，在项目式学习的目标和内容上产生分歧，使得教师们难以在教学思路上达成共识。例如，道德与法治教师更注重培养学生的道德观念和社会责任感，而其他学科教师可能更关注学科知识的传授和技能的培养。

（二）课程内容整合有难度

道德与法治项目式学习，要求道德与法治课程与其他学科知识相融合，但在实际操作中，如何将这些内容与道德与法治学科有效地结合起来，而非简单堆砌，需要各学科教师们深入探讨和协作。由于不同学科知识体系的差异，找到恰当的融合点并非易事。

（三）教学进度不同步

每个学科的教学进度都是按照课程标准、教学内容和学生实际推进的，教学进度往往存在差异,这种差异对项目式学习的顺利推进构成阻碍。例如,道德与法治学科会设定一些特定的学习任务,如模拟法庭、辩论赛等,要求学生在某个阶段必须完成。然而,当其他学科的教学进度与之不一致时,这种不同步就会打乱项目的整体进度,进而影响学习效果。简而言之,各学科教学进度的不匹配,会对项目式学习的连贯性和效率产生直接的负面影响。

（四）教学方法和策略不同

不同学科的教师根据学科特点和教学内容会采用不同的教学方法和策略,这就导致在项目式学习中出现教学方法上的冲突。例如,道德与法治课程更注重学生的参与和体验,而其他学科可能更注重知识的讲解和练习。这种教学方法上的差异会增加协调和合作的难度。

（五）资源和时间限制

跨学科协作意味着需要共享资源和时间,但在实际操作中,各学科的教学资源安排可能并不一致,如何合理分配和调整成为了一个难题。不同学科的教学任务和时间安排也存在差异,每个学科都有自己的课时进度和安排,谁来统筹资源和时间,同时既能顺利完成项目任务,又不影响各学科的教学任务,这也是一个大的挑战。

（六）沟通和理解障碍

跨学科协作需要良好的团队沟通和协调能力,但由于学科差异和教师个人性格、工作方式的不同,对项目任务的理解不同,出现沟通不畅,甚至产生误解。例如,一些教师对项目式学习的理念和方法不够了解,在设定目标时产生分歧,难以达成共识。此外,不同学科之间的专业术语和表达方式也不同,这也增加了沟通和理解的难度。

第三节　项目式学习活动优化策略

道德与法治项目式学习过程中,我们遇到多种挑战,这些问题若不解决,将直接影响学生的学习效果和项目的顺利推进。因此,我们必须采取有效的应对策略。

一、项目任务的规划与布置

（一）深入解读和分析教材内容

在道德与法治项目式学习活动设计时,教师首先需要对教材内容进行深入的解读和分析。这一步骤至关重要,它直接决定了项目的方向和深度。

教师应评估教材中哪些部分最适合用于项目式学习,考虑内容的相关性、学生的兴趣和年龄适宜性。例如,教师可以选择与学生日常生活密切相关的主题,如网络道德、公民责任等,以提高学生的参与度和兴趣。这种深入的教材分析不仅能帮助教师识别最具教育价值和引起学生兴趣的主题,还能确保所选主题能够有效地融入课程标准和学习目标中。

（二）明确项目主题和目标

确定项目主题和目标是项目规划的关键步骤。教师需要根据教材分析的结果和学生的学习需求,明确项目的主题。接着,设定具体、可实现的学习目标,确保这些目标既在学生的能力范围之内,又具有挑战性。例如,对于一个关于网络道德的项目,目标可能包括理解网络行为的法律后果、培养负责任的网络行为等。在设定目标时,教师应考虑学生的先前知识、兴趣点以及他们的学习能力,确保目标既具有挑战性,又能够激发学生的学习热情。明确的项目目标不仅为学生提供清晰的学习方向,也为教师提供评估学生学习成果的标准。

（三）清晰、完整地向学生说明项目任务

在道德与法治项目式学习中，一旦确定了项目的主题和目标，教师的下一步是向学生清晰、完整、准确地介绍项目任务。这个步骤至关重要，因为它确保学生对即将进行的学习活动有一个全面的理解。教师需要详细说明项目的主题和内容，强调完成任务过程中的关键注意点。这包括个人或小组任务的具体要求、任务成果的形式（如书面报告、口头演讲、多媒体展示等）、成果展示的时间和方式，以及任务的评价方式。例如，如果项目主题是探讨网络道德，教师可以提供一份详细的项目指南，其中包含项目的时间表、评价标准和预期成果的示例。这份指南还包括，学生需要研究网络道德的不同方面，如网络欺凌、版权保护、隐私保护等，并准备一份展示他们发现和分析的报告。教师可以明确指出，报告应包含特定的案例研究、相关法律规定的分析以及学生自己的观点。此外，教师还可以指导学生如何有效地进行小组讨论和协作，以及如何利用多媒体工具来丰富他们的展示。

（四）确保任务的可实现性和挑战性

在布置任务时，教师需要确保任务既具有可实现性又具有挑战性。这意味着任务应该既能激发学生的兴趣，又能促使他们发展新的技能。例如，对于网络道德项目，教师可以设计不同层次的任务，以适应不同能力水平的学生。对于那些已经有一定网络知识的学生，教师可以鼓励他们深入研究复杂的网络道德问题，如数据隐私和网络安全。对于刚开始接触这些概念的学生，教师可以提供更基础的任务，如研究网络礼仪和基本的网络安全知识。教师应考虑到学生的不同能力水平，并提供适当的支持和资源，以帮助所有学生成功完成项目。这可能包括提供额外的学习材料、组织辅导课程或安排学生导师。通过这种方式，教师不仅能够确保每个学生都能在项目中取得成功，还能够激发他们的学习兴趣和参与度。

二、项目任务的追踪与引导

（一）教师发挥积极引导作用

在道德与法治项目式学习中，教师扮演着至关重要的角色。作为知识的传授者，教师的职责远不止于此，他们还是学生学习过程中的引导者和支持者。在项目实施过程中，教师的责任是密切关注学生的表现，及时了解他们在项目中的进展和遇到的挑战。这种关注不仅限于学生的学术表现，还包括他们的情感、态度和团队互动。例如，教师可以通过定期的进度检查和反馈会议来监控学生的项目进展。在这些会议中，教师不仅可以提供关于学生工作的具体反馈，还可以倾听学生的想法和感受，理解他们在项目中遇到的困难。这种定期的互动有助于建立教师与学生之间的信任关系，使学生感到被支持和理解。

（二）及时调整项目任务

根据学生的表现和进展，教师应及时对项目任务进行调整。这种调整可能包括重新分配任务、调整项目的难度或提供额外的资源和支持。例如，如果教师发现某个小组在研究过程中遇到困难，可以提供额外的资料、安排辅导会议或者调整项目的期限，帮助学生克服障碍。这种灵活性调整对于维持学生的积极参与和学习动力至关重要。同时，教师应确保项目任务与教学目标和学生的学习需求保持一致。这意味着教师需要根据学生的反馈和表现不断调整教学计划。例如，如果学生在某个特定领域表现出高度兴趣，教师可以考虑增加相关的学习资源或活动，以进一步激发学生的学习热情；如果学生在某个领域遇到困难，教师则需要考虑为其提供更多的指导和支持。

（三）响应学生的求助

在道德与法治项目式学习中，教师需要随时准备好接受学生的求助，并为他们提供必要的支持。这一点对于确保学生能够顺利完成项目任务至关重要。学生在完成项目任务时可能会遇到各种困难，如团队协作问题、缺乏研究思路或资源不足等。教师的职责是了解这些具体困难，并提供相应的解决方案。例如，对于团队协作问题，教师可以组织团队建设活动，如团队合作游戏或小组讨论会，以增强学生之间的沟通和协作能力。教师还可以提供团队管理的指导，帮助学生学习如何有效地分配任务、解决冲突和共同作出决策。对于缺乏研究思路的问题，教师可以提供更多的启发性问题或案例分析，引导学生思考不同的研究角度和方法。此外，如果学生面临资源不足的问题，教师可以提供额外的学习材料、推荐在线资源或安排外部专家的讲座。

（四）确保项目任务的顺利完成

教师的最终目标是确保每个学生都能在项目中取得成功，实现学习目标。为了达到这一目标，教师需要在整个项目过程中提供持续的支持和指导。这包括安排定期的进度检查会议，提供个性化的反馈和建议。在这些会议中，教师应鼓励学生分享他们的进展和挑战，同时提供具体的指导和建议，帮助学生克服遇到的难题。例如，如果学生在撰写项目报告时遇到困难，教师可以提供写作指导，帮助他们清晰地表达自己的想法。如果学生在进行实验或数据分析时遇到挑战，教师可以提供额外的实验指导或数据分析工具。此外，教师还应确保学生能够访问所需的所有资源，包括图书馆资料、在线数据库和实验设备。

三、建立标准化评价体系

（一）多元化评价的重要性

在道德与法治项目式学习中，设计一个全面且多元化的评价体系是至关重要的。这种评价体系不仅作为衡量学生学习成果的工具，更是促进学生全面发展的关键环节。多元化的评价包括学生自评、同学互评和教师评价，每种评价方式都从不同的角度反映学生的学习情况。学生自评鼓励学生进行自我反思，了解自己的学习进步和挑战；同学互评促进学生之间的交流和反馈，帮助他们从同伴的角度看到自己的学习表现；教师评价则提供专业的指导和评估,确保学习活动的目标得以实现。这种多元化的评价方式有助于构建一个全面、客观的学习成果展示,同时也鼓励学生从多个角度理解和评价自己的学习过程。

（二）制定评价标准

为确保评价的有效性和一致性,教师需要制定一套明确的评价标准。这些标准应全面覆盖学生的学习过程和最终成果。在评价学生的最终成果时,如项目报告或展示的质量,教师应考虑内容的准确性、创意的展现、表达的清晰度等因素。同时,评价标准还应包括学生在学习过程中的表现,如知识掌握、技能运用、团队协作、逻辑思维和反思总结等方面。例如,评价团队协作能力时,可以考虑学生在小组讨论中的参与度、对他人意见的尊重程度以及在团队任务中的贡献。此外,评价标准还应关注学生的创造力、批判性思维和解决问题的能力。通过这些综合性的评价标准,教师能够更全面地了解学生的学习情况,同时也为学生提供了明确的学习目标和期望。

（三）构建评价量表

为使评价过程更加客观和系统,我们必须精心设计一套评价量表,这些量表体现在项目开展的各个阶段,为学生自评、同学互评以及教师评价提供了具体的参考标准。在这些量表中,我们须列出各项评价指标的描述和评分标准,例如,对于团队合作能力的评价,量表中会详细列出如团队沟通、协作参与、共享资源等具体行为的评价标准。这样的量表不仅使评价过程标准化,还帮助学生明确期望和目标,从而更有针对性地提升自己的能力。量表中的评价指标涵盖了知识掌握、技能运用、创造力展现、批判性思维、团队协作等多个方面,确保评价过程的全面性和公正性。

综合来看,标准化的评价体系在道德与法治项目式学习中发挥着至关重要的作用。它不仅为学生提供了一个清晰的学习目标和期望,还为教师提供了一个有效的教学反馈机制。对于提高学生的学习动力、参与度以及全面发展至关重要,是项目式学习活动优化策略中不可或缺的一部分。

四、促进跨学科协作

（一）建立跨学科协作机制

根据项目的需要,组建由道德与法治教师、其他学科教师以及学生共同参与的协作团队。选定具有组织协调能力的教师作为团队负责人,负责团队的日常沟通和协调工作。同时明确团队成员的职责和角色,确保各成员能够充分发挥自己的专业优势,共同负责项目的规划和实施。

团队共同设计跨学科协作的评价指标和评价标准,以全面评估学生的跨学科协作能力。采用多元化的评价方式,如自我评价、同伴评价、教师评价等,以激发学生的学习兴趣和积极性。团队定期召开会议,讨论跨学科项目的规划、实施和评估事宜,确保各学科目标一致、任务明确。

（二）明确协作目标与责任

在项目开始前,需要制定详细的项目计划书,列出各学科的具体任务和预期成果,明确各学科教师在项目中的角色和责任,确保每位教师了解自己的任务和目标,并设置定期检查和反馈机制,保障项目按计划进行。

（三）开展跨学科教师研讨培训

定期组织跨学科教师培训,提升教师在跨学科项目化学习中的合作能力和综合素质。

邀请专家开展培训,介绍跨学科协作的理论和实践方法。通过模拟项目活动,让教师亲身体验跨学科合作的过程和挑战,积累实际操作经验。

定期组织跨学科交流会,教师们分享项目进展、交流经验和遇到的困难,共同探讨解决方案,加强跨学科教师之间的交流和沟通,及时解决项目实施中的问题。

（四）共享资源与信息

建立资源共享平台,方便各学科教师共享教学资源和信息。

利用学校内部网络或云平台,建立资源库,存放各学科的教学资料、项目案例和工具。鼓励教师将自己的教学经验和资源上传到平台,促进信息交流和共享。

(五)灵活调整项目计划

在项目执行过程中,灵活调整项目计划是确保活动顺利进行的关键。我们倡导一种动态管理的理念,即根据项目实施过程中的实际情况,如资源变化、学生兴趣转移或外部环境影响等,及时对项目计划进行微调或重大调整。这一过程需要项目团队保持高度的敏锐性,掌握一定的应变能力,通过召开紧急会议、利用项目管理工具等方式进行快速决策,确保项目始终沿着既定的目标前进。

为确保调整的准确性和有效性,需要设立全面的项目反馈机制。通过问卷调查、一对一访谈、小组讨论等多种形式,定期收集教师和学生的意见与建议。教师和学生是项目实施的直接参与者,他们的反馈是项目优化最宝贵的资源。因此,要确保每一条反馈都能得到认真对待和深入分析,并将其作为调整项目计划和实施策略的重要依据。基于反馈的调整不仅是对项目内容的简单修正,更是对教学策略、活动安排乃至评价体系的全面优化,有利于提升项目的学习效果和教育价值。

(六)提供行政支持与保障

学校管理层应提供必要的行政支持和保障,确保跨学科协作顺利进行。

调整课程安排,确保各学科教师有足够的时间进行协作和交流。提供必要的经费支持,用于跨学科项目的实施和资源采购。

促进跨学科协作,使得道德与法治项目式学习不再局限于单一学科的知识传授,而是能够充分利用多学科的知识和资源,共同解决现实问题,培养学生的综合素养和创新能力。

五、提高学生自主学习能力和合作能力

(一)课前评估

在项目开始前,对学生进行自主学习能力和合作能力的评估,可以采用

问卷调查、访谈等方式进行。以便更好地了解每个学生的实际情况,为后续教学提供参考。

(二)分层教学

根据评估结果,将学生分为不同的层次,针对不同层次的学生制定不同的教学策略和辅导计划。例如,对自主学习能力较弱的学生提供更多的指导和支持,帮助他们逐步提高自主学习能力;对合作能力较弱的学生进行团队合作训练,提高他们的团队协作能力。

(三)小组合作

项目开展分组时,尽量考虑学生的能力差异,使每个小组内的成员在能力和性格上相互补充,形成优势互补。同时,明确每个成员的角色和责任,确保每个成员都能为项目的成功作出贡献。

(四)及时反馈与指导

在项目过程中,教师要密切关注学生的表现和进展,及时给予反馈和指导。对于遇到困难的学生,要给予更多的帮助和支持,帮助他们克服困难;对于表现优秀的学生,要给予肯定和鼓励,激发他们的积极性和创造力。

(五)培养自主学习能力

通过引导学生进行自主学习、自我反思和自我调整等方式,培养学生的自主学习能力。同时,为学生提供丰富的学习资源和指导材料,帮助他们更好地掌握所需的知识和技能。

(六)培养合作能力

通过组织各种形式的团队活动和合作任务等方式,培养学生的合作能力和团队精神。同时,引导学生学会倾听、尊重和包容他人,形成良好的沟通和协作习惯。

总之,在项目式学习中应对学生自主学习能力和合作能力的差异是一个复杂而重要的任务。通过采取有效的应对策略和方法,可以最大限度地发挥每个学生的潜力,促进他们的全面发展。

六、寻求各方资源支持,保障项目开展

（一）争取校内外资源支持

开展项目式学习的教师要积极争取学校管理层和教育部门的支持,申请专项经费和资源。向学校管理层提交详细的项目计划书,阐明项目的重要性和预期效果,争取经费支持。同时寻求校外资源支持,与当地社区、企业、非营利组织等建立合作关系,获得场地、设备和专业知识的支持。

（二）建立资源共享平台

教师要利用学校的网络平台建立校内资源共享平台,创建资源库,存放道德与法治学科的教学资料、项目案例、工具和参考文献,方便教师和学生共享教学资源和项目资料。

鼓励教师和学生将自己的教学经验、项目成果和资源上传到平台,共享给其他人使用。定期更新资源库内容,确保资源的时效性和丰富性。

（三）优化现有资源配置

教师要善于优化现有资源的配置,提高资源使用效率。通过合理的课程安排和项目计划,充分利用学校现有的教室、实验室、图书馆等资源。建立资源使用计划,确保各项资源在不同项目和学科之间的公平分配和高效利用。提高资源利用率,鼓励教师和学生在不同时间段合理使用资源,避免资源浪费。

（四）开发和利用数字资源

教师要充分开发和利用互联网和数字资源,丰富项目式学习的内容和形式。利用网络平台和在线课程资源,获取丰富的教学素材和案例,辅助项目式学习。引入多媒体和互动技术,如视频、动画、虚拟现实技术（VR）等,增强学习体验和效果。

（五）鼓励家长和社区参与

鼓励家长和社区参与项目化学习,提供资源和支持。组织家长和社区代表参与项目启动会和成果展示会,增强他们的参与感和支持力度。

通过家长会和社区活动,宣传项目式学习的重要性和效果,争取更多的支持和资源。邀请家长和社区专业人士担任项目顾问,提供专业知识和实践经验。

通过以上具体措施,可以有效解决道德与法治项目式学习活动中资源和支持不足的问题,保障项目的顺利实施和学生的全面发展。

第四节 项目式学习活动设计：以"权利跷跷板之受教育权"为例

一、项目介绍

（一）项目概述

《青少年法治教育大纲》强调，青少年法治教育要以宪法教育为核心，以权利义务为本位，培养和增强青少年的国家观念和公民意识。义务教育教科书（五·四学制）《道德与法治》八年级下册作为法治教育专册，以宪法教育为重点，以宪法精神为主线，涵盖了宪法中涉及到的公民基本权利，其中与学生生活最贴近的一项权利便是受教育权。12月4日是我国的国家宪法日，每年学校都会组织开展诸多的宪法学习活动，其中引导学生如何珍惜受教育权是较为适宜的抓手，也是学生最关心的话题。初中阶段的学生对义务教育阶段受教育既是权利又是义务有一定的认识，但对受教育权的具体表现形式、不同主体之间受教育的界限等方面存在一定的认知偏差。需要引导学生从宪法精神及国家观念、公民意识的角度来理解受教育的权利与义务是相统一的，并在此过程中感悟国家尊重和保障人权，激发履行受教育义务的主动性，正确维护自身受教育权利的积极性，以及树立自由、平等、公平、正义的法治精神。

（二）项目价值

项目设计基于小学、初中、高中一体化设计，紧紧围绕初中阶段学生的学习特点，开展项目式学习模式。学生通过文献研究与访谈等方式来了解受教育作为权利与义务的历史渊源及我国宪法规定受教育既是权利又是义务的意义与方式，从而形成基本概念。同时，通过问卷调查、访谈等方式了解教师、家长、学生对初中生受教育权利与义务的认知程度及维护受教育权的途径,通过访谈了解未成年人保护相关组织维护青少年受教育权的方式。最后,项目组基于学情分析、问题提炼、案例分析,通过协作式、合作式学习来组织一场基于问题情境的"调解会",在此过程中激发学生学法、守法、尊法、用法的热忱,提升法治意识,提升协同思考的能力及深度理解与创新运用基本概念达成目标的能力。

二、项目设计

（一）项目目标

理解受教育权的具体表现形式、不同主体之间受教育权的界限,从宪法精神及国家观念、公民意识的角度来理解受教育的权利与义务是相统一的,并在此过程中感悟国家尊重和保障人权,激发履行受教育义务的主动性,正确维护自身受教育权利的积极性,树立自由、平等、公平、正义的法治精神。

（二）框架问题

1. 基本问题：如何体现权利和义务相统一?

2. 单元问题

（1）在保护某一学生的受教育权时,与其他人的合法受教育权产生了冲突怎么办?

（2）学生、教师、家长以及未成年人保护相关部门可以做些什么?

3. 内容问题

（1）受教育是一种怎样的权利与义务? 其产生与发展的脉络是怎样的?

（2）我国义务教育阶段的受教育具体内容包括哪些?

（3）我国通过哪些法律与制度保障公民的受教育权、规定公民的受教育义务?

（4）我国宪法为什么规定受教育既是权利又是义务?

（5）权利与义务相统一是什么意思? 具体表现形式有哪些?

三、项目实施

（一）项目准备

教师活动：利用问卷星开展学情调查，根据问卷填写情况，进行数据统计与分析，在此基础上进一步完善优化项目设计与实施方案。

情境：初中生小明因患有多动症，严重影响课堂秩序。班级家长联名写信要求其离开本班，小明父母深感内疚，小明自己也不想到学校上学。小明能选择不上学吗？小明的父母能不送他继续接受教育吗？小明同班同学的家长们有权利让小明离开本班吗？

问卷具体问题：

1. 宪法为什么将"受教育"作为公民的基本权利？

2. 不同未成年人的受教育权会产生哪些冲突？请举例说明。

3. 系列问题（可以通过绘制思维导图来呈现结果或单独回答以下问题）：

（1）受教育权是一种怎么样的权利？请描写其产生和发展的脉络。

（2）我国受教育权的具体内容有哪些？

（3）我国宪法为什么要保障公民受教育权？

（4）以所在学校为例，学生是怎样看待受教育权的？

（5）当在保护某一学生的受教育权时，与其他人的合法权利产生冲突怎么办？

（6）可以通过哪些方式帮助中学生提升公平维护自己和他人受教育权的意识？

学生活动：填写问卷调查，初步了解项目内容。

设计意图：认识何为项目化学习，初步了解"权利跷跷板之受教育权"这一项目的内容以及目标任务。在此过程中，积极主动查阅相关资料，形成对项目的结构化认知，并根据个人意愿报名参与。

（二）发布项目

教师活动：发布项目，包括项目概述、学习活动、学习目标、成果展示四个方面,以及任务分布和评价方案,引导学生完成项目学习的问题。

引导问题: 本项目的学习目标和学习要求是什么?"权利跷跷板之受教育权"需要怎样的驱动性问题和子问题? 如何推进"权利跷跷板之受教育权"研究?

学生活动: 了解项目具体内容、任务分布及评价方案;按照自己的意愿组成学习小组,根据项目要求讨论开展计划,并讨论项目引导问题,认真做好记录。

设计意图: 进一步了解"权利跷跷板之受教育权"项目的内容、任务分布及评价方案,学生按照相关学习目标和要求开展活动,并在此基础上完成计划。学生按照自己的意愿组成学习小组,明确成员分工。

(三)问题分析与研讨

教师活动: 发布学情调研结果,引导学生进行问题原因的深层分析。

引导问题: 此次调研,我们收集到哪些信息? 这些信息对于我们解决问题有哪些帮助? 还需要了解哪些信息?

学生活动: 整理、分析调研记录,并进行深层分析。

(1)整理和收集调研记录,确保记录的完整性和准确性。将调研内容进行归纳和整理,便于后期分析。在分析调研记录过程中,识别主要的矛盾和冲突点,主要包括小明、小明家长、其他学生家长及教师、校方之间的意见分歧、权利冲突等。深入了解这些矛盾和冲突点的本质,为后续分析提供基础。

(2)针对识别出的主要矛盾和冲突点,进行深度思考和分析。尝试理解不同角色身份的观点和立场,探究意见背后的原因和诉求。同时,也可以从法治角度出发,评估各种策略带来的影响。

(3)对比不同观点之间的联系和区别,全面地了解问题。支持、反对和中立意见之间可能存在重叠和交叉之处,也有各自的独特之处。通过对比分析,更准确地把握小明、小明父母、其他家长、教师意见背后的价值判断和法治意识。

设计意图: 通过学情调研,整理调研结果,对问题原因进行深层分析,提升运用学科知识分析、解决实际问题的能力。

（四）策划辩论会

教师活动： 发布辩论会要求，提出策划引导问题。

引导问题——什么是辩论赛？开展辩论赛需要哪些人员参加？辩论赛的作用是什么？开展辩论赛有哪些流程？

学生活动： 通过回答教师问题了解辩论赛的流程、作用以及参赛要求，为后面辩论赛做好准备工作。

学生活动： 进行辩论赛的一系列准备工作。

（1）确定主题和人员：确定辩论主题，进行分组，确定辩论队伍。

（2）策划辩论赛流程：制定辩论赛的流程，包括赛前宣传、报名、选拔、预赛、决赛等环节。同时要确定每个环节的时间、地点和活动内容。

（3）准备辩论赛资料：收集和整理关于受教育权的资料，包括相关政策法规、案例分析、学术研究等，为参赛队伍提供全面的背景资料和信息。

（4）招募评委和主持人：邀请学生代表担任评委，确保比赛的公正性和专业性。同时招募一名有经验的主持人，负责引导比赛进程和调节现场气氛。

（5）制定奖项和奖品：根据比赛规模和预算，制定奖项和奖品，激励参赛队伍积极参与。设置正、反方最佳辩手以及最佳团队三个奖项。

（6）做好现场管理和后续总结：在比赛现场做好管理和秩序维护工作，确保比赛顺利进行。比赛结束后要及时进行总结和评估，收集反馈意见和建议，为今后的活动提供参考。

设计意图： 知道辩论赛的流程、作用以及参赛要求，为后续辩论赛做好充足准备工作。

（五）辩论赛

教师活动： 引导学生回顾项目缘起及前期项目过程与阶段成果，进行点评和阶段总结。

学生活动： 根据辩论赛规则和要求进行主题为"权利跷跷板之受教育权"的辩论活动。

教师活动：总结点评活动，并发布项目下阶段任务，引导学生进行项目的总结反思。

反思问题——我在本项目学习过程中的优缺点有哪些？我有哪些收获和感受？我的学习方法和经验有哪些？我们团队遇到哪些问题？是如何解决的？我们团队有哪些愉快的经历？

学生活动：反思辩论赛的过程，总结提炼收获，完成项目下阶段的反思问题，及时记录整理。

设计意图：通过辩论，提升运用学科知识分析解决问题的逻辑思维和语言表达能力。

（六）调解会

教师活动：发布调解会活动，提出要求和注意事项。

学生活动：认真做好调解会准备工作，开展调解会。

（1）分组：根据所希望扮演的角色身份分组（每组不超过十个人），角色扮演过程中可能只有一到两位参加，其他成员出谋划策，全程参与。

（2）制订计划：包括学习目标、学习任务、系列子问题、分工安排及需要的支持。

（3）组织学习：根据计划分工合作，开展资料的收集及问卷调查与访谈。

（4）成果展示：根据资料收集、问卷调查与访谈结果，组织角色扮演，开展调解会。

（5）总结评价：各小组根据成果展示情况，分别开展对团队和个人的评价。

设计意图：通过调解会活动，学生亲身体验法律纠纷的解决过程，了解调解作为法律程序的一部分，在解决社会矛盾、维护社会稳定中的重要作用。在调解过程中，学生需要站在不同当事人的角度思考问题，这有助于培养他们的同理心和换位思考能力，从而更好地理解他人的立场和感受。

（七）项目反思与迁移

教师活动：设计引导问题，引导学生进行项目反思，指导学生撰写总结报告。

引导问题——我在本项目学习过程中的优缺点有哪些？有哪些收获和感受？学习方法和经验有哪些？我们团队遇到哪些问题？是如何解决的？我们团队有哪些愉快的经历？

学生活动：畅谈本次项目的学习收获和不足，以及优化和改进的方面；分享项目开展过程中的学科知识运用情况，遇到的难题和解决的方案，能力提升程度以及情感收获；撰写项目总结报告。

设计意图：通过项目反思与迁移，切实提升解决现实问题的能力，在实践中获得成长与收获。

四、项目成果

以小组合作的方式完成一场精彩的辩论赛，提升思辨能力。

以角色扮演的方式完成一次调解会，增强法治意识。

五、项目结语

"权利跷跷板之受教育权"项目对标课程标准的相关要求，通过项目式学习活动，综合运用学科中"我国宪法原则与内容，宪法规定的受教育权利与义务的相关内容，运用宪法精神来分析和解决学习和生活中实际问题的方法，运用宪法知识来宣传法治意识的方法"等内容。

项目式学习为教师提供依据学生的成长规律开展教学的思路，初中学段的学生需要通过体验的方式，促成其社会情感的养成，简单、教条的说教或情境对话是无法达成其知行合一的。因此，积极探索项目式学习活动，引导学生自觉参与，促进感悟并建构新知识，提升新能力，形成正确的价值观，发展积极情感，从而真正实现知行合一。项目式学习真正实现了把思政小课堂同社会大课堂结合起来，实现了价值性和知识性相统一、理论性和实践性相统一，学生在真实生活的实践过程中感受真理的力量，在问题发现、分析、解决过程中，学会运用科学方法得出结论，从而实现核心素养的提升。

第六章

学习活动的评价

第一节　学习活动评价主要内容

什么是评价?《辞海》中这样描述,"评价"原本是"对商品的估价",现在则被用来形容一件事情或一件东西的价值。其中,评价主要涉及主、客体两个方面。评价主体就是对人或一件东西的价值作出评判的人,而对其进行评价的对象就是评价客体。价值则是指评价对象对评价者具有的正面影响和意义。因此,评价就是指评价主体按照某种评价准则,对评价客体进行价值评判的一个过程。进行评价时,不管是对人,或者是对一件事情,都必须要有一个明确的评价准则,有了这个评价准则,评价者就可以根据特定的事实来对评价对象进行价值度量,最后得到一个确定的评价结果,以此来实现对评价对象的价值评判。

一、教学评价的内涵

教育教学活动是一种教育人、培养人和发展人的社会实践活动,它有着非常重要的教育意义,所以,对教育教学活动进行评价是十分有必要的。从实质上讲,教学评价是一种对教学活动的价值进行评判的行为,是评价在教育领域中的专门运用。具体而言,教学评价是一种基于特定的价值观和教学目的,通过一套具有操作性的评价方式和科学的评价方法,对与教学有关的教育教学信息进行科学、全面、系统地搜集、归纳和分析,并以此来对教学活动、教学过程和教学成果进行评估和评判,是一种综合的教学测量和评价。教学评价有一个比较明确的目标和标准,它以对教师的教和学生的学进行价值评判为主,通常是对教师、学生、教学内容、教学方法、教学管理等多种因素的综合评价,以推动学生的发展为最终目标。此外,教学评价还是对教学质量进行测量、分析和评定的一种手段,它可以用来对课程、教学和学生的发展进行反馈,这对于学生的全面发展,提升教师的教学专业能力,以及提升教学质量都有着十分重要的作用。

现代教学评价,蕴含着"以人为本,促进发展"的理念。相对于传统的"以教师为中心"的教学评价,当今教学评价强调"以学生为中心",这两种教学评价在教育理念、评价理念和评价准则上都存在着显著的差异。评价从以往以教师的教学行为特点作为评价重心,转变为"以教师的教能否让学生有成效地学习"作为评价重心,并把二者进行了整合;不仅要监测教师的教学和学生的学习情况,还要通过"以评促教""以评促学""以评促建"来促进学校、教师和学生的全面发展,最终的目标是促进学生的可持续发展。

可以说,现今的教学评价,就是在"以学生为中心"教学思想的指引下,围绕着学生的整体发展,运用一套科学、高效的评价方式,充分发挥学生、教师、教学督导、评价专家等各个层面的评价主体的功能,来评价教师的教与学生的学。

通过评价来判定教师在特定的教学实践过程中其教学目的、教学内容、教学方法和教学过程等,有没有切实地贯彻"以学生为中心"的教学思想,能否反映学生的自我发展需求。在教学评价过程中,重视对学生的批判性思维、质疑精神和建构能力等方面的发展,让学生在自主学习、合作探究中的好奇心、想象力和求知欲得到最大程度的调动和发展。同时,在评价过程中,评价内容关注学生的学习活动参与情况、学生的情感体验以及思维方式等方面的发展,以此来判定教师的教育能否有效地激发学生的主观能动性,让学生在师生、生生的互动中自主探索、自主判断、自主构建、自主发现,最终促进学生达到一种真正的自主学习和探索。总之,现代教学评价强调科学地、客观地对教学活动和成果进行价值评判,并根据评价的反馈来指导教师更好地提高自身的教育能力和水平,从而提升教学质量,强调重视调动学生的主观能动性,更好地推动学生的学习,并且通过自主体验、自主创造的学习过程,促进学生的情感、态度、价值观等方面的全面发展。

本书中的评价主要围绕教师的教和学生的学展开。这一评价体系不仅关注学生的知识掌握情况,更着眼于学生在学习过程中所展现的态度、技能以及价值观的形成。

二、初中道德与法治课教学评价的内涵与特点

（一）内涵

初中道德与法治课教学评价，紧紧围绕落实立德树人这一根本任务，从培养人的全面发展出发，遵循教育教学规律，根据课程标准、教学目标和教学评价标准，采用一种有效的方式和方法，充分发挥学生、教师、教学督导、评价专家等各个层面的评价主体的功能，有目的、有计划、有组织地对初中道德与法治课的教学内容、教学方法等情况进行评价和分析。其重点关注教师在教育过程中，是否能够紧密地围绕着政治认同、道德修养、法治观念、健全人格、责任意识等学科核心素养展开教学，是否能够通过案例式、体验式、议题式、项目式的学习活动，引导学生合作探究、交流互动，提高学习积极性。学生在学习活动中理解并掌握知识，敢于提问，敢于质疑，敢于批判，以此积累知识，开阔视野，真正将知识与素养内化。

（二）特点

初中道德与法治学习活动的评价作为教学评价的一个子系统，在具备教学评价的共性同时也有着自己独特的特点。其主要特征表现为综合性、发展性、合作性和独特性。

1. 评价具有综合性

课程标准提出了核心素养的目标，在对学生进行评价时，要关注学生的政治认同、道德修养、法治观念、健全人格以及责任意识方面的发展水平。这意味着，在学习过程中要全面考查学生对基本知识的理解，对学习方法的掌握，将知识应用于实际生活的能力，理想信念、道德规范、法治意识等的养成以及能否将其转化为自己的精神力量。因此，初中道德与法治课教学评价的成果并不单指学生的阶段性考核结果。分数仅是对学生某一时期基础知识掌握水平的反映，并不能全面反映学生的综合素养，所以初中道德与法治课教学评价是一种综合性的评价。

2. 评价具有发展性

伴随时间的推移,学生的身体、心理、生活的环境都在不断改变,而作为一个不断发展的人,他们在教育过程中也由一个被动接受者转变为积极主动的学习主体。所以,在教学评价方面,必须要有一个全新的理念,要对教学评价体系和教学评价方法进行创新,让评价能够真正地融入学生的发展中,以发展的观点评价学生。所以,初中道德与法治学习活动的评价要结合学生的现状与未来的发展,以适应学生的综合发展需求与个性化发展需求,使学生能够通过评价来审视自己,了解自己,促进自身长远的进步与发展。

3. 评价具有合作性

在素质教育背景下,初中道德与法治学习活动强调合作探究、互动交流、体验感悟等,这样的教学环境为教学评价提供了新的途径。教师需全面、客观地评价学生,包括课堂、知识、任务和日常行为等方面。学生自我评价、同伴互评,有助于反思与提升,并更积极地参与课堂学习。家长则可观察孩子在家中的表现,与教师沟通,共同促进孩子成长。教学评价是由教师评价、学生同伴评价、学生自我评价、家长评价等多方参与的活动,具有合作性。

4. 评价具有独特性

教学目标对教学评价具有重要的指引作用,初中道德与法治学习活动的评价具有独特性,其独特性体现在教学目标上。与其他课程比较,道德与法治课的教学目标在对学生提出掌握知识需求的同时,更重要的是对学生进行世界观、人生观、价值观的教育,使学生养成良好的品德修养。因为目标的特殊,所以在进行教学评价时,除了要评价学生的知识水平、能力形成和应用水平等方面的发展,还要评价他们的理想信念、道德水平、法治意识、行为习惯等非认知领域的发展,因此,评价的结果也往往具有独特性。

三、评价的目的与原则

(一)评价的目的与功能

初中道德与法治学习活动的评价,具有对学生进行诊断与改进的双重目标,评价将发展性评价的思想融入其中,坚持以人为本的教育理念,重视学生的个性与主观发展,以评价推动学生学习的不断完善,进而养成良好的道德品质,树立法治意识,提高社会责任感和社会实践能力,在认知、行为、能力、情感等方面得到全面发展。

教育教学是一种教育人、培养人的社会实践活动,它的终极目标就是要通过对人的持续教育和发展,以此提高人的自身价值,促进人全面而自由发展。从促进学生整体发展的视角来评价,其重点在于"教"与"学",关注学生是否能够在教师的教导下,更好地综合运用各种教育资源,提升各方面能力,从而实现"教"是为了"不教"的根本目的。

这样的评价模式,可以更加客观和全面地诊断出初中道德与法治学习活动有没有真正实现"以学生为本"的思想,并找出其在实际操作中还存在哪些共性和个性问题。通过评价,教师可以更好地认识自己在学习活动实施过程中是否促进学生主观能动性的发挥,在过程中还存在哪些问题和缺点,从而促使教师有目的地改善和提升自身的学习活动设计、实施过程和效果,并根据自己的实际教学情况,持续提升组织、指导和启发学生自主探究和合作学习的能力。通过评价,学生可以更好地认识自己在道德与法治课学习活动中的表现,如知识的应用、学习方法、团队协作等,进行自我反思,并发现存在的问题和需要改进的方面,这将有助于他们更高效地学习和成长。

教育评价的功能是教育评价自身所具备的作用与能力,它能够促使评价对象发生改变。教学评价在初中道德与法治学习活动实施过程中具有以下功能。

1. 导向功能

"导向"的意思是指向和引导。简而言之,就是通过评价,引导评价对象更好地发展。教学评价是与教师的教、学生的学密切相关的,它是围绕"如何改进教师的教来促进学生更好地学"这个问题展开的。首先,初中道德与法治学习活动的评价标准为教师和学生指明方向。依据教学目标制定的评价标准,引导教师在活动过程中注重培养学生的核心素养和综合能力。对于学生来说,这些评价标准也可以帮助他们明确学习目标和方向,更好地理解和掌握知识,从而提高学习效果。其次,教师在学生学习过程中给予相应的评价,可以引导学生形成正确的价值观和行为规范。通过评价,学生可以了解自己对学科知识的掌握程度,以及如何更有效地利用学习方法和策略来获取新知识。同时,教师还能针对学生的不良思想或不当行为进行适度的评价,以规范学生的学习行为,促进学生健康成长。

2. 反馈改进功能

教学评价本身并不是终极目标,它的主旨是推动课程的不断完善和发展。通过评价,教师及时获取学生的学习情况和反馈,了解学生在学习活动中的困惑和问题,从而及时调整教学策略,改进教学方法,使教学更加贴近学生的实际需求,提高教学效果。同时,评价还可以帮助教师发现教学中的不足之处。无论是教学内容的选择、方法的运用,还是教学过程的组织,都可能存在一些问题或不足。教师对这些问题进行深入的反思和分析,找到问题的根源,进而采取有针对性的措施进行改进。学生通过对评价的反馈,可以对自己的学习情况有一个完整的、清晰的认识,从而对学习中的问题进行分析,并对学习做出相应的调整,最终在教师的指导下,建立操作性强、适应自己个性的学习目标,更好地促进自身发展。

3. 激励强化功能

激励强化功能是指通过对学习活动进行评价,能够给教师和学生的学习带来一种促进作用。正面的教学评价,学生能够获得肯定和鼓励,从而激发其学习道德与法治课程的主动性和积极性。当学生在课堂上积极参与讨论、正确回答问题或展现出良好的道德品质时,教师给予的积极评价会让学生感受到成功的喜悦,增强自信心,进而更加努力地学习。正向的评价还能促进学生之间的竞争与合作,形成良好的学习氛围。在竞争方面,学生会以优秀同学为榜样,努力赶超,争取更好的成绩;在合作方面,学生之间会相互帮助、共同进步,形成良好的团队协作精神。这种竞争与合作相结合的学习氛围有助于提高学生的整体学习水平。教师通过评价学生在道德行为方面的表现,引导学生树立正确的道德观念,增强其道德意识。当学生意识到自己的行为受到他人的关注和评价时,会更加注重自己的言行举止,努力成为一个有道德、有责任感的人。这样的评价能够提高课堂教学的丰富性、建构性和生成性。学生在自主探究、主动发现和合理构建的学习过程中,其学习积极性和主动性也会不断提高,最后形成自主学习、快乐学习、享受学习的积极心态。

（二）评价原则

初中道德与法治课应遵循现代化的教育评价原则,以适应学生的发展需要。评价应该注重学生在学习过程中的变化和成长,通过评价来推动学生发展。因此评价应坚持导向性原则、全面性原则、多样性原则和发展性原则,以促进学生的全面发展。

1. 导向性原则

评价的导向性原则,重点体现在评价标准的导向性。评价标准引领着教师的教和学生的学,为教育教学活动指明方向。评价要遵循导向性原则,指在评价的内容上要考虑到三个层面的要素。一是,教师按照评价标准中的一些规则来引导自己的教学行为,并对自身教学行为进行监控,如果有任何的偏差,那么及时按照标准加以纠正,保证教学的顺利进行。二是,对学生进行综合评价,必须在课程标准的指引下,根据教学内容的特征和学生的发展情况,制定合理的、科学的评价标准,充分利用评价标准的引导功能,客观公正地对学生进行评价,促进学生的发展。三是,评价要坚持学科导向,作为一门显性的德育课程,道德与法治课承担着对学生健全品德的培育任务,在制定评价标准时要体现其学科性质。评价要区别于其他学科,突出其道德教育的作用,突出学科核心素养的培育。

2. 全面性原则

所谓全面性,就是指以学生的综合素养为基础,要从知识、能力、价值观等维度对学生进全面的评价,不能一概而论,以知识取代能力,以考试结果取代综合评价。在进行评价时,必须面向全体学生,充分尊重学生的全面发展和个性发展需求,以数据和等级为基础的定量评价和对学生予以评语、谈话等定性评价方式相结合,对学生进行全方位的评价,从而推动全体学生的发展。同时,评价也应坚持综合性的原则,即在课前对学生进行诊断性评价,以掌握其知识背景和身心发展情况;在课堂上评价学生的学习进程,适时地调整课程进程,综合考查学生在课堂上的各类表现;在课堂结束后,通过对课堂的反馈评价,发现存在的问题,并提出相应的对策,以提高课堂质量。

3. 多样性原则

积极的可持续发展的评价方式,不能仅停留在以测试为手段的单向的、可持续的评价方法,而要采取多样化的评价方法。在评价过程中应灵活运用多种评价方式和手段,以全面、客观地反映学生的学习情况和成长状况。多样性原则体现在评价方式的多样性上。除了传统的笔试方式外,还应结合课堂观察、小组讨论、实践活动等多种方式进行评价。这样不仅能更全面地考查学生的知识掌握情况,还能更好地评估学生的能力发展和价值观等方面的表现。多样性原则也体现在评价内容的多样性上。评价不应仅局限于学生对知识点的记忆和理解,还应关注学生在实际情境中的运用能力、解决问题的能力以及创新思维等方面的发展。此外,多样性原则还要求评价主体的多元化。除了教师评价外,还应鼓励学生自我评价、同学互评以及家长参与评价等方式。这样可以使学生从多个角度审视自己的学习情况和成长状况,增强自我认知和自我提升的动力。多样性原则还需要考虑评价标准的多样性。评价标准应根据学生的个体差异和特长制定,既要考虑共性标准,也要兼顾个性差异。这样可以更好地发掘学生的潜能和特长,促进学生的个性化发展。

4. 发展性原则

发展性原则,强调评价应以学生的全面发展为目标,关注学生的学习过程、能力发展和未来潜力,以促进学生持续、健康地成长。发展性原则应注重学生的个体差异和独特性。每个学生都是独一无二的个体，具有不同的学习风格、兴趣特长和发展潜力。因此，在评价过程中，教师应充分尊重学生的个性差异，采用多元化的评价方式和标准，确保评价结果的客观性和公正性。发展性原则强调评价的过程性和动态性。学生的学习是一个持续发展的过程，评价应贯穿于整个学习过程，及时反映学生的学习进展和变化。评价不仅是对学生现有学习成果的检验，更是对学生未来发展方向的预测和引导。因此，在评价过程中，教师应关注学生的潜在能力和发展方向，鼓励学生积极探索、勇于创新，为学生的未来发展奠定坚实的基础。

四、评价的内容和方式

（一）评价内容

我们要培养的是有理想、有本领、有担当的时代新人，能用所学知识解决真实生活的问题。所以，评价内容应以学生发展为中心，以教师的素养、能力、教学成果等为辅助，评价内容主要是学生的学。一是学生对基础知识的掌握情况，包括道德与法治课程中的基本概念、原理和知识点等。通过考查学生对这些内容的记忆、理解和应用，可以评估他们的学习成果和对课程内容的掌握程度。二是关注学生的思维能力和创新能力，包括学生的逻辑思维、批判性思维、创造性思维和问题解决能力等。评估学生在面对问题时是否能够独立思考、灵活运用所学知识，并创造性地提出解决方案。三是涉及学生的道德情感和价值观发展。道德与法治课程不仅要求学生掌握知识，更要求他们具备良好的道德品质和价值观。因此，评价过程中需要关注学生在课堂讨论、实践活动和日常生活中所展现出的道德情感、社会责任感和正确的价值观倾向。四是学习态度和习惯，这也是评价内容的重要组成部分，包括学生的课堂参与度、学习积极性、合作学习能力、自我管理能力以及对待学习的认真程度等。最后，评价内容还应考虑学生的实践能力和跨学科融合能力。道德与法治课程注重培养学生的实践能力，因此评价过程中需要关注学生在实践活动中的表现。同时，跨学科融合也是现代教育的趋势之一,评价内容应体现学生在道德与法治课程与其他学科之间的关联和融合能力。

这些评价内容共同构成了对学生全面发展的综合评价,有助于教师更好地了解学生的学习状况和需求,有针对性地进行教学和改进。

（二）评价方式

初中道德与法治课教学评价的评价方式包含多种,每种方式都有其独特的作用和效果。评价是一个综合性的、复杂的、多维的过程,要正确处理多种评价方式的相互影响,才能最大限度地发挥它们的长处,达到有机结合。

笔试是传统的评价方式之一,通过考试的形式,检验学生对课程知识的理解和掌握程度。这种方式可以系统地考查学生的记忆、理解和应用能力,但也可能过于注重知识的记忆而忽视了学生的实际运用能力和创新思维。

观察法是一种直观且有效的评价方式。教师可以通过观察学生在课堂上的表现、参与讨论的情况、小组合作的能力等,来评估学生的学习态度、思维能力和道德情感发展。观察法能够实时反映学生的学习状态,有助于教师及时调整教学策略。

访谈法也是一种重要的评价方式。教师可以通过与学生、家长以及其他任课教师的交流,深入了解学生的学习动机、情感态度、价值观等方面的情况。访谈法能够获取更为详细和深入的信息,有助于教师更全面地了解学生的学习和发展状况。

作业评析也是教学评价中不可或缺的一部分。通过分析学生完成的作业,教师可以了解学生对知识的掌握情况、解决问题的能力以及学习态度的变化。作业分析还可以帮助教师发现学生在学习中存在的问题,从而进行有针对性的指导和帮助。

自我评价和同伴评价也是现代教学评价中常用的方式。自我评价能够帮助学生反思自己的学习过程和成果,提高他们的自我认知和自我管理能力;同伴评价则能够促进学生之间的交流和合作,培养他们的团队精神和评价能力。

　　初中道德与法治课教学评价的评价方式多种多样,每种方式都有其独特的价值和作用。在实际教学中,教师可以根据具体情况选择合适的评价方式,综合运用多种方法进行评价,以确保评价的准确性和有效性。同时,教师还需注重评价的公正性和客观性,避免主观臆断和偏见对评价结果的影响。

第二节 学习活动评价现存的问题

在初中道德与法治学习活动设计与实践中,评价环节存在着一些问题,这些问题可能会影响学生的学习效果和积极性。以下是对这些问题的归纳和分析。

一、评价标准"一刀切"

评价标准"一刀切"的问题是一个值得深入探讨的现象,这种现象指的是在评价过程中,采用统一、固定的标准来衡量所有学生的学习成果,忽视了学生之间的个体差异、学习内容的多样性和实践环境的复杂性。具体来说,评价标准"一刀切"主要体现在以下几个方面。

(一)忽视学生之间的差异性

在道德与法治学习活动中,存在评价标准固定化,不考虑学生的年龄、兴趣、能力等因素,导致某些学生因无法达到标准而感到挫败,丧失学习动力。

每个学生都有自己的特长和优势,但在"一刀切"的评价标准下,这些特长和优势往往被忽视,无法得到充分发挥和认可,导致评价结果缺乏针对性和公正性。

(二)学习内容多样性受限

评价标准"一刀切",教师只选择单一的学习活动内容,仅限于教材知识和固定案例,缺乏与现实生活、学生经验的联系,学生的学习体验将受到限制,难以形成深刻的理解和感悟。

同时,在实践活动设计上,学习活动缺乏创新和多样性,只采用传统的、固定的活动形式,无法激发学生的学习兴趣和参与度,影响学习效果。

（三）实践环境复杂性被简化

道德与法治学习活动的实践环境往往具有复杂性和多变性，但在"一刀切"的评价标准下，这些复杂性往往被简化或忽略，导致学习活动无法真正反映现实世界的多样性和复杂性。

不同地区、不同学校之间的地域文化差异是客观存在的，但在"一刀切"的评价标准下，这些差异往往被忽视，导致学习活动的设计和实施缺乏针对性和实效性。

二、评价内容片面化

在学习活动评价中，评价内容片面化是一个值得关注和改进的问题。

（一）过于注重知识掌握程度的评价

在评价中，教师往往过分强调学生对道德与法治课程中的知识点、概念和原理的掌握情况，却忽视了对学生道德情感、价值观、实践能力等方面的评价，无法全面反映学生的综合素质和能力。

（二）忽视了学生的个体差异和多元发展

每个学生都是独特的个体，具有不同的兴趣、特长和发展潜力。然而，在评价过程中，教师往往采用统一的标准和尺度来衡量所有学生，忽视了学生的个体差异和多元发展。

（三）评价内容过于单一和静态

道德与法治课程是一个涉及广泛、内容丰富的学科，包括道德理论、法律知识、社会实践等多个方面。然而，在评价过程中，教师往往只关注某一方面的内容或某一时间点的表现，忽视了对学生学习过程、发展变化以及综合运用能力的评价。这就无法全面反映学生的学习状况和发展轨迹，也无法为教学改进提供有效的反馈和指导。

评价内容片面化会导致一系列负面影响。它限制了学生全面素质的发展，使学生只关注于知识点的记忆，而忽视了道德情感、价值观和实践能力的培养。

三、评价方式不合理

在学习活动评价中,评价方式的不合理是一个亟待解决的问题。

(一)评价方式过于单一

目前,一些教师在学习活动后仍然只把传统的纸笔测试作为主要的评价方式,通过考试分数来评判学生的学习成果。这种单一的评价方式无法全面反映学生的综合素养。

(二)评价方式缺乏针对性和实效性

有些教师虽然采用了多种评价方式,但在实际操作中往往缺乏针对性和实效性。例如,在观察学生的课堂活动表现时,教师没有明确的观察指标和评价标准,导致观察结果主观性强、缺乏客观性。这样的评价方式无法真正反映学生的学习状况和需求,也无法为教学改进提供有效的反馈和指导。

(三)评价方式过于注重结果而忽视过程

在评价中,有些教师只关注学生的最终成绩或表现,而忽视了学生在学习活动过程中的努力和进步。这种评价方式会打击学生的学习积极性,使他们只关注结果,而忽视了长期的道德素质和法治意识的培养。

评价方式的不合理会导致一系列负面影响。它会误导学生的学习方向,使他们过分追求结果。它会降低教师的教学质量,使教师无法真正了解学生的学习状况和需求,也就无法进行有针对性的教学改进。它会损害教育的公平性和公正性,使不同学生在评价中受到不公平的待遇。

四、评价主体比较单一

目前道德与法治学习活动的评价主体呈现一元化倾向,以教师为主导进行评价。

(一)教师评价权重过大

在道德与法治学习活动中,教师的评价往往占据主导地位,学生的成绩和表现主要依赖于教师的评判。这导致评价结果容易受到教师主观因素的影响,可能缺乏客观性和全面性。

(二)学生自评和互评被忽视

在一元化的评价体系中,学生的自评和互评往往被忽视。学生很少有机会对自己的学习过程进行反思和评价,也无法从同伴那里获得有益的反馈。这种评价方式限制了学生自主性和创造性的发挥。

(三)缺乏家长和社会的参与

道德与法治教育不仅仅是学校教育的任务,还需要家长和社会的共同参与。在一元化的评价体系中,家长和社会的意见往往被排除在外,导致评价结果与实际需求和社会期望存在偏差。

(四)评价结果片面化

以教师为主导的评价方式会导致评价结果的片面化。教师可能更注重学生对知识点的掌握情况,而忽视学生的情感态度、实践能力和创新思维等方面的评价。这种片面化的评价结果无法全面反映学生的综合素质。

五、评价未能反映道德与法治课程的特点

初中道德与法治学习活动评价中,如果评价未能反映出道德与法治课程的特点,那就是一个非常需要关注的问题。道德与法治课程具有其独特的教学目标和内容,旨在培养学生的道德品质、法治意识和社会责任感。因此,评价应紧密围绕这些特点进行,以确保教学目标的实现和课程的有效实施。

评价只关注学生知识层面的掌握,忽略学生在学习活动过程中的道德行为和法治观念的变化,忽略了评价学生的道德实践、法治行为以及参与社会活动的表现,也就没办法全面了解学生在道德与法治方面的成长和进步。道德与法治课程强调实践性和应用性,但单一的评价方式可能无法有效衡量学生在实际情境中的表现和应对能力。

第三节　学习活动评价优化策略

针对发现的问题，我们深入分析并提出精准有效的解决策略，以保证学习活动开展的有效性，促进学生在学习活动中获得发展。

一、在评价功能上，坚持素养为导向

课程标准明确提出："核心素养是课程育人价值的集中体现，是学生通过课程学习逐步形成的正确价值观、必备品格和关键能力。"在初中道德与法治课学习中，要注重课程内容的讲授，更要培养学生的思维，培养他们运用课程思维去发现问题、分析问题、解决问题，提升解决新问题的能力。评价也应该从单一的知识测试转变为对学生素养的综合评价，在评价时应紧紧围绕核心素养展开，坚持以素养为导向。

二、在评价标准上，坚持公平有效

为避免学习活动评价中"一刀切"评价标准问题带来的不公平现象，可以采取以下优化策略来提高评价的公平性、有效性和教育意义。

（一）建立多元化的评价体系

设计包括学生自评、同伴评价、教师评价和外部评价等不同角度的评价方式，结合使用观察记录、项目作品、口头报告、反思日志等多种评价工具，以获得更全面的学生表现数据。

（二）制定层级化的评价标准

根据学生的先前知识、能力水平和学习进度，设定不同层次的学习目标和评价标准。这有助于对不同能力群体的学生进行合理期望，并提供相应的支持和挑战。

（三）强化形成性评价

注重学习活动过程中的及时反馈和修正，鼓励学生根据反馈进行自我调整。形成性评价更多关注学生的进步和成长，而不仅仅是最终结果。

（四）实施个性化评价计划

考虑到个别学生和学生小组的独特需要和学习风格，为他们定制特殊的评价计划。这可以帮助学生在自己擅长的领域内发展，同时在挑战领域取得进步。

（五）促进学生的自我反思

引导学生对自己的学习和行为进行自我评估和反思，帮助他们了解自己的长处和改进空间，培养自我管理和终身学习的能力。

（六）探索基于项目的评价方法

通过实际的活动项目完成情况来评价学生的知识应用能力。这种评价方式可以更加真实地反映学生解决复杂问题的综合能力。

在评价标准制定过程中，教师需要考虑学生的家庭环境、文化背景和个人经历，避免因忽略这些因素而导致评价不公。同时要考虑评价标准带来的正向激励和支持，确保评价结果被用作激励学生进步和提供必要支持的工具，而不是仅仅作为排名或比较的手段。

三、在评价内容上，注重丰富多元

评价内容多元化意味着，教师要从多个层面对学生进行评价，既要对学生所学知识的理解和使用情况进行评价，也要对学生的情感、价值观以及思维方式等方面进行评价，其目的是强化评价的完整性与全面性。

（一）构建综合评价指标体系

确保评价内容涵盖知识理解、情感态度、技能应用等多个维度。不仅评估学生的道德与法治知识掌握情况，还要关注他们的价值观念、公民责任感以及对法律规范的实际应用能力。

（二）实施基于项目的评价

引入基于真实情境的项目任务，如模拟法庭、法律辩论等，评价学生的实际操作能力和问题解决能力。

（三）开展持续性评价

对学生综合发展的状况进行持续性评价。在整个学期或学年中持续观察和记录学生的学习行为和成长变化。

（四）依据课程标准和学习结果设计评价

确保评价内容符合课程标准要求，并能够反映学生实际的学习成果。

四、在评价方法上，运用多种评价方法

多种评价方法的核心在于通过多种途径、多个角度来评估学生的学习成效。这些方法包括但不限于书面测试、课堂表现评估、小组讨论、项目报告、实践活动等。每一种方法都有其独特的价值和意义，不仅有助于更全面、客观地评估学生的学习成果，还能激发学生的学习兴趣和积极性，提高他们的学习效果。

书面测试仍然是一个重要的评价方式，但它不再是唯一的标准。通过书面测试，教师可以了解学生对基础知识的掌握情况，但这种方式很难评估学生的实践能力和创新思维。

课堂表现评估成为了一个有益的补充。教师通过观察学生在课堂上的参与度、发言质量等方面来评估他们的学习态度和理解程度。这种评价方式更侧重于学生的主动性和互动性。

小组讨论和项目报告则是评价学生合作能力和解决问题能力的好方法。在这些活动中，学生需要与小组成员紧密合作，共同完成任务。教师通过观察学生在小组讨论中的表现和项目报告的质量来评估他们的团队合作能力和问题解决能力。

实践活动是评价学生实践能力和创新思维的重要方式。教师通过组织实践活动，让学生在实践中学习和运用所学知识。通过这种方式，教师可以

评估学生将理论知识应用于实践的能力。

成长记录袋也是一种有效的评价方法。它可以收集学生在学习过程中的各种作品、反思和进步,以展示他们的学习轨迹和成长过程。这种方法不仅有助于学生的自我认知和自我激励,还能为教师提供更全面的评价依据。

五、在评价主体上,注重多方评价

注重评价主体的多元化。传统的评价主要由教师为主导,而全面评价则倡导学生、家长、同伴等多元主体共同参与评价。学生进行自我评价和反思,家长对孩子的学习进步和问题进行及时反馈,同伴之间通过互评来相互学习和借鉴。这种多元化的评价方式能够更全面地反映学生的学习状况,有助于增强学生的自我认知和自我管理能力,有利于让评价的公平性得到切实的落实。

(一)建立以教师评价为主、多元评价为辅的评价体系

在保留教师评价的基础上,引入学生、家长和社会等多元评价主体,形成一个立体的评价网络。这样可以更全面地反映学生的学习情况和发展水平。

(二)鼓励学生自我评价和相互评价

让学生参与评价过程,培养他们的自我反思和欣赏他人的能力。同时,通过相互评价,学生可以学会取长补短、共同提高。

(三)引入家长和社会评价

将家长和社会作为评价主体之一,增加评价的多样性和客观性。家长和社会可以为学生提供更多的反馈和建议,帮助他们更好地了解自己的学习状况。

(四)加强对评价主体的培训和指导

确保评价主体具备正确的评价观念和方法,避免主观性和片面性。同时,加强评价主体之间的沟通和交流,促进评价工作的顺利开展。

第四节 学习活动评价总结与反思

一、本章主要观点回顾

在深入研究与实践初中道德与法治学习活动的设计与实践过程中,深刻体会到了评价体系的复杂性与重要性。评价不仅是衡量学生学习成果的工具,更是促进学生全面发展、指导教师教学方法改进的关键环节。

评价,远非简单的分数所能涵盖,它宛如一面多棱镜,折射出学生全方位的素质与能力。在道德与法治的学习中,对学生的评价不仅要看他们如何投身于课堂活动中,更要看他们对课程精髓的领悟与运用。在日常的学习点滴里,细心观察他们是否展现出良好的思想政治素养、正直的道德品行和牢固的法治观念。而当遇到问题时,他们是否能以核心素养为基石,沉着应对,灵活解决,也是评价的重要一环。这样的评价,真实地指向学生综合素养的培育。更为关键的是,这样的评价将成为他们未来成长的指南针,为他们照亮前行的道路,提供不可或缺的指引。

当然,评价体系的完善是一个持续不断的过程,需要我们不断探索和创新,努力构建一个科学、公正、有效的评价体系,以促进学生的全面发展和提升教育质量。

二、学习活动评价的未来趋势与展望

随着教育理念的不断进步和技术的飞速发展,学习活动评价也正在迎来深刻的变革。在反思过去、总结经验的基础上,我们可以对学习活动评价的未来趋势进行展望。

(一)技术融合推动评价创新

随着大数据、人工智能等技术的不断发展,未来的学习活动评价将更加智能化和精准化。大数据将用于收集、整理和分析学习者的学习行为、偏好和成果，优化学习路径和个性化学习体验，为评价提供更为全面和准确的信息，学生可以获得更加个性化的学习建议和评价反馈。此外，虚拟现实（VR）、增强现实（AR）等技术也可以被引入到评价中，为学生提供更加真实、沉浸式的学习体验，评价将关注这些技术如何增强学习者的参与度和学习效果，使评价更加生动和有效。

（二）个性化与自适应学习

未来的学习活动评价是深度个性化的学习评价。评价将更加注重学习者的个体差异和需求，通过个性化学习路径和评价方式来满足不同学习者的需求。研究如何根据学习者的学习风格、能力和兴趣来定制学习活动和评价策略。

同时，评价将发展自适应学习系统。自适应学习系统能够根据学习者的实时反馈自动调整学习内容和难度，提高学习效率和效果。评价自适应学习系统能促进学习者自主学习和深度学习。

（三）多元化评价方式的融合

未来评价将更加注重定量和定性方法的融合，以全面、客观地评估学习活动的质量和效果。探索如何结合多种评价工具和方法，如测试、问卷、观察、访谈等，来获取更为丰富的评价信息。

未来评价将寻求在形成性评价和总结性评价之间找到平衡，以更全面地了解学习活动的价值和影响。形成性评价关注学习过程和学习者的表现，有助于及时发现问题并进行调整。总结性评价则关注学习成果和目标的达成情况，有助于评估学习活动的整体效果。

（四）评价生态的构建与优化

随着社会的快速发展，未来社会对人才的要求也在不断变化。学习活动评价需要紧密联系社会需求，关注学生的核心素养和综合能力的发展。评价将更加注重学生的批判性思维、创新能力、团队合作等关键能力的培养，以满足未来社会对人才的需求。

未来评价将更加注重构建一个整合多种评价资源、方法和工具的评价生态。探索如何整合政府、学校、教师、学习者和社会各界的评价力量,共同推动学习活动的持续改进和创新。同时,评价体系需要不断适应教育变革和技术发展的要求,进行持续优化和更新。研究如何建立一个动态、灵活和可持续的评价体系,以适应不同学习场景和需求的变化。

三、对初中道德与法治教育的启示与建议

(一)教学评价观念应及时更新

转变教育观念是教育实践活动中非常重要的环节,教育观念是什么,其理念影响下的教学方法就是什么。评价观念也是如此,如果评价观念正确,就能准确评价学生课堂学习状况,也能够在课堂教学中使用合理有效的教学评价语言及评价方法。因此,道德与法治教师应及时更新教学评价观念。

1. 树立以人为本的评价观念

以人为本的评价观念是指评价内容、评价方法、评价标准的多元化,注重对学生进行过程性评价和增值性评价。以人为本的教学评价是以师生之间的平等交流为前提的,它需要教师充分尊重学生的人格,发现不同学生身上的闪光点。首先,教师要建立融洽、平等的教学环境,营造宽松的教学氛围,让学生能够参与到一种民主、平等的师生、生生对话中。其次,要重视学生的兴趣,立足于学生的实际生活,充分调动学生的学习热情,对学生进行全方位的评价,使每位学生都能根据评价反馈改进不足、发扬优势。评价内容要体现个性化和差异化,要根据不同学生的特点进行个性化的评价,以促使学生发展。比如,一些学生善于与人沟通交流,可以根据其个性特点在实践活动中委以调查访问的角色;一些学生思辨能力强,可以鼓励其参加辩论赛。教师在以人为本的教学评价理念指导下,发现学生身上的闪光点,为每个学生提供一个展示自己才能的舞台,让学生发现特长,增强自信心,成为自己想成为的人。

2. 树立多元的评价观念

在多元智能理论的观点中,智力具有多样性,人的各种智力都具有潜在性,人具有不同的智力组合和智力优点。在教学过程中,教师需要改变传统的、单一的评价模式,树立多元评价观念,在评价内容、评价方式与评价主体方面做出改变。

(二)评价反馈应适时适度

初中道德与法治学习活动评价反馈的适时适度性,对于提升教学效果和促进学生全面发展具有至关重要的作用。这种反馈机制能够确保学生在适当的时间获得关于他们学习情况和表现的评价,从而引导他们更好地参与课堂和课外活动,帮助他们理解和掌握知识,有助于他们及时调整学习策略和方法。

适时反馈意味着在评价过程中,教师要把握好反馈的时机,确保评价信息能够及时、有效地传递给学生。在道德与法治学习活动中,教师通过观察学生的课堂表现、参与讨论的情况,以及完成课后作业的质量等方式,及时收集评价信息。在收集到足够的信息后,教师应尽快对学生的学习情况进行反馈,以便学生能够及时了解自己的优点和不足,调整学习策略。

适时反馈还要求教师在不同的学习阶段给予不同的反馈。例如,在学习活动的初始阶段,教师通过诊断性评价了解学生的基础知识水平和学习习惯,然后根据学生的实际情况提供个性化的学习建议。在学习活动过程中,教师通过形成性评价监控学生的学习进度,及时发现问题并提供解决方案。在学习活动结束时,教师通过总结性评价全面评估学生的学习成果,为下一阶段的教学提供改进方向。

适度反馈强调的是反馈的深度和广度要适中,既要避免泛泛而谈,也要避免过于琐碎的细节描述。在道德与法治学习活动的评价中,适度反馈要求教师在反馈时既要关注学生的知识掌握情况,也要注重学生的情感态度和价值观的发展。同时,教师还要根据学生的年龄特点和认知水平,用通俗易懂的语言进行反馈,确保学生能够理解并接受。

　　适度反馈还意味着教师在反馈时要把握好分寸,既要肯定学生的进步和优点,也要指出他们的不足和需要改进的地方。过度的表扬可能会使学生产生骄傲自满的情绪,而过度的批评则可能打击学生的自信心。因此,教师在反馈时要根据学生的实际情况,给予恰当的鼓励和引导,帮助学生形成正确的自我认知和学习态度。

　　(三)评价应注重发展性

　　初中道德与法治学习活动评价应注重发展性,这一观点强调了评价在教育过程中的重要导向作用,旨在促进学生的持续进步和全面发展。发展性评价不仅关注学生的学习成果,更重视学生在学习过程中的成长与变化,以及他们的素养提升。

　　注重发展性的评价关注学生的个体差异和多元化发展。每个学生都是独特的个体,他们在学习速度、理解能力、兴趣爱好等方面存在差异。因此,在评价过程中,教师应充分尊重学生的个性差异,采用多样化的评价方式和标准,以全面、客观地反映学生的实际情况。通过个性化的评价,教师可以更好地了解每个学生的学习特点和需求,为他们提供更有针对性的指导和帮助。

　　发展性评价重视学生在学习过程中的表现和努力,强调过程与结果的并重,关注学生在学习过程中的态度、方法、策略等方面的表现。通过对学生学习过程的观察和分析,教师发现学生的进步和闪光点,及时给予肯定和鼓励,激发他们的学习动力和自信心。

　　发展性评价强调评价的连续性和动态性。学生的学习是一个持续发展的过程,他们的知识、技能和素养会随着时间的推移而不断变化。因此,评价不应仅仅停留在某一时刻或某一阶段,而应贯穿于整个学习过程。教师需要定期对学生进行评价,及时了解他们的学习进展和变化,并根据评价结果调整教学策略和方法。同时,教师还应关注学生在评价后的反思和改进情况,引导他们将评价作为自我提升的机会。

　　注重发展性的评价有助于培养学生的自我认知和自我管理能力。通过评价,学生可以更加清楚地认识自己的优点和不足,了解自己在道德与法治方面的素养水平。这有助于他们形成正确的自我认知,明确自己的学习目标和发展方向。同时,评价还可以帮助学生培养自我管理能力,学会制订学习计划、监控学习进度、调整学习策略等,实现自我提升和全面发展。

总之,初中道德与法治学习活动的评价是学习过程中不可或缺的重要环节,也是评价学习效果的重要方面。因此,有必要建立一套科学有效的学习评价体系。这不仅有利于提高学习活动的有效性,还能为学生的全面发展奠定坚实的基础。因此,科学的道德与法治课程评价体系还需要教师在教学实践过程中不断研究、共同探索。

参 考 文 献

一、教材与标准类

［1］中华人民共和国教育部.义务教育道德与法治课程标准(2022年版)［S］.
北京：北京师范大学出版社,2022.

［2］中华人民共和国教育部. 普通高中思想政治课程标准(2010年版)［S］.
北京：人民教育出版社,2018.

二、著作类

［1］习近平. 思政课是落实立德树人根本任务的关键课程［M］.北京：人民
出版社,2020.

［2］胡邦霞. 指向核心素养的初中道德与法治教学设计［M］.西安：陕西师
范大学出版社,2020.

［3］陈为. 道德与法治新课程活动教学设计与实践［M］.昆明：云南教育出
版社,2019.

［4］郝淑霞. 初中道德与法治可以这样教［M］.长春：东北师范大学出版
社,2019.

［5］林崇德. 21世纪学生发展核心素养研究［M］.北京：北京师范大学出
版社,2016.

［6］杨九诠. 学生发展核心素养三十人谈［M］.上海：华东师范大学出版
社,2017.

［7］皮亚杰. 教育论著选［M］.北京：人民教育出版社,2015.

［8］潘洪建,孟凡丽. 活动教学原理和方法［M］.兰州：甘肃教育出版社,
2008.

［9］杜威. 我的教育信条［M］. 罗德红,杨小微,译. 上海：华东师范大学出版社,2015.

［10］余文森. 核心素养导向的课堂教学［M］. 上海：上海教育出版社,2017.

［11］李晓东. 义务教育课程标准(2022 年版)课例式解读. 道德与法治［M］. 北京：教育科学出版社,2022.

［12］李晓东,金利. 新版课程标准解析与教学指导. 初中道德与法治［M］. 北京：北京师范大学出版社,2022.

［13］夏雪梅. 项目化学习设计：学习素养视角下的国际本土与本土实践［M］. 北京：教育科学出版社,2018.

［14］鲍里奇. 有效教学方法(第七版)［M］. 朱浩,译. 南京：江苏教育出版社,2014.

［15］张悦颖,夏雪梅. 跨学科的项目化学习：4＋1 课程实践手册［M］. 北京：教育科学出版社,2018.

三、期刊类

［1］杨新勇. "双减"背景作业设计四策［J］. 中学政治教学参考,2022(06).

［2］孙其英. 在生成性问题情境中对话科学精神——以"参与民主生活"教学为例［J］. 中学政治教学参考,2022(05).

［3］唐建荣. 结尾再提升,落幕也精彩［J］. 中学政治教学参考,2022(03).

［4］李瑞芬. 小学道德与法治活动型课堂的建构策略［J］. 家长,2022(10).

［5］赵兵峰. 初中道德与法治活动型课堂浅析［J］. 试题与研究,2021(36).

［6］范多俊. 初中道德与法治活动型课堂浅析［J］. 学苑教育,2021(26).

［7］张翔国. 如何提高道德与法治课堂教学活动的有效性［J］. 学周刊,2021(25).

［8］金永红. 初中道德与法治课堂教学活动设计策略［J］. 青海教育,2020(11).

［9］卢英明. 初中道德与法治教学的议题设置及其深化——以《开放互动的世界》活动型课堂为例［J］. 福建基础教育研究,2020(07).

［10］李小慧. 初中道德与法治活动型课堂浅探［J］. 文教资料,2020(11).

［11］吴昊,陈浩宇. 初中道德与法治课活动型课堂教学素材选用的问题及对策［J］. 教育界(教师培训),2019(10).

［12］黄秀霞. 活动教学法在初中道德与法治课程教学中的应用研究［J］. 西部素质教育,2019,5(01).

［13］刘岚,郭然. 核心素养和道德与法治活动型学科课程的关系［J］. 中学政治教学参考,2018(35).

［14］郭晓芳. 初中道德与法治课生活化教学的实践研究［J］. 华夏教师,2018(26).

［15］陈为,张艳,张有俊. 昆明市初中道德与法治课程活动教学现状调查研究［J］. 教育参考,2018(05).

［16］刘振红. 将开放性教学法与初中道德与法治课相融合［J］. 华夏教师,2018(22).

［17］槐亚婷. 打造活动型课堂,全面培养学生的政治核心素养——以《经济生活》教学实践为例［J］. 课程教育研究,2017(01).

［18］魏安彬. 活动型课程巧安排［J］. 思想政治课教学,2017(12).

［19］黎文欢. 初中思想品德课活动教学策略［J］. 教学实践,2017(02).

［20］安华锋,郝庆华. 浅谈初中道德与法治课活动教学的感悟［J］. 学周刊,2018(06).

［21］叶王蓓. 思想政治案例教学的组织与实施［J］. 思想政治课教学,2023(10).

［22］杨红静. "议"味"深"长:指向深度学习的议题式教学实践［J］. 中学政治教学参考,2023(07).

［23］唐良. 让体验式学习真实发生——以初中《道德与法治》教学为例［J］. 思想政治课教学,2022(07).

[24] 潘燕华. 沉浸式教学让思政课"活"起来[J]. 思想政治课教学,2023(12).

[25] 周序,刘周灵润. 如何认识案例教学? ——关于"案例教学法"提法的思考[J]. 中国教育学刊,2020(04).

三、学位论文类

[1] 蒋粤. 初中道德与法治课活动型课堂的实施问题研究[D]. 青海师范大学,2021.

[2] 王春梅. 高中思想政治活动型课堂教学研究——基于核心素养的视角[D]. 喀什大学,2021.

[3] 吴芸. 高中《政治生活》活动型课堂构建策略研究[D]. 四川师范大学,2021.

[4] 胡娉婷. 初中"道德与法治"活动型课堂教学设计的优化研究[D]. 扬州大学,2020.

[5] 董甜甜. 活动教学法在初中道德与法治课程中的应用研究[D]. 鞍山师范学院,2018.

[6] 陆玲芳. 高中思想政治课活动教学研究[D]. 苏州大学,2017.

[7] 田闪闪. 活动教学在思想品德课中的应用研究[D]. 新疆师范大学,2015.

[8] 刘文群. 初中思想品德课活动教学的实践研究[D]. 华东师范大学,2010.

[9] 郭莹莹. 思想品德课活动教学存在的问题及其对策研究[D]. 河北师范大学,2013.

[10] 王晓军. 初中思想品德课活动教学法探究[D]. 华中师范大学,2013.

[11] 吴尚香. 基于学科核心素养的初中道德与法治课议题式教学探究[D]. 华东师范大学,2023.

[12] 郭婷. 议题式教学在初中《道德与法治》课中的运用研究[D]. 四川师范大学,2021.

[13] 刘婷婷. 大中小思政课一体化视域下高中议题设计研究[D]. 华中师范大学,2023.

后记

思政织锦绣，初心绽芳华

王国维先生在《人间词话》中遍撷古诗词，精练归纳了"人生三境界"："古今之成大事业、大学问者，必经过三种之境界：'昨夜西风凋碧树。独上高楼，望尽天涯路'。此第一境也。'衣带渐宽终不悔，为伊消得人憔悴。'此第二境也。'众里寻他千百度，蓦然回首，那人却在，灯火阑珊处'。此第三境也。"此人生三境界，对于宏阔的人生而言如此，对于事业的发展、专业的求索而言，亦如此。

27年的专业发展道路从来都不是单打独斗，我如同勇敢的航海者，在学科知识的海洋中乘风破浪，探寻真理的彼岸。而在这条充满挑战与机遇的航程中，我从来不是孤独前行，因为有着一群志同道合的同伴，我们携手并肩，我们同舟奋楫，我们在这条求索之路上经历着、探寻着、收获着。

悬思立志

昨夜西风凋碧树。独上高楼，望尽天涯路

悬思立志，对于一位思政教师而言，不仅是对个人成长的追求，更是对学科探索的坚定信念。"昨夜西风凋碧树。独上高楼，望尽天涯路。"这句诗正是我立志进行思政学科探索心路历程的真实写照。

初涉思政课教学，我怀着满腔热情，却也面临诸多困惑和挑战。面对复杂多变的社会现象，如何引导学生正确看待、理性分析？面对日益多元化的价值观念，如何坚守主流意识形态，培育学生的家国情怀？这些问题，如同昨夜西风中飘摇的碧树，让我心生忧虑。

然而，正是这些困惑和挑战，激发了我对思政学科探索的渴望。我深知,作为一名新时代的思政教师,不仅要传授知识,更要引导学生树立正确的世界观、人生观和价值观,培育他们成为有理想、有本领、有担当的时代新人。因此,我立志要不断提升自己的专业素养,深入研究思政学科的前沿理论和实践问题,为学生呈现一个更为广阔、深入的思政世界。

我心中充满了对未来的憧憬和期待,期待登上学科的高楼,眺望远方。我渴望通过我的不懈努力,让思政学科在学生的心中生根发芽,成为他们成长道路上的坚实支撑。我渴望通过我的教学,引导学生用理性的眼光看待世界,用坚定的信念追求真理,用家国情怀书写人生。

在这条荆棘丛生的探索之路上,我始终相信,只要朝斯夕斯地求索,念兹在兹地开拓,就一定能够为学生点亮前行的灯塔,为思政学科的发展贡献自己的力量。

苦索坚守

衣带渐宽终不悔,为伊消得人憔悴

清晰了自己努力的方向,我便全身心投入学科教学的实践中,坚守着对学科的热爱与执着,我坚信这条学科求索和实践之路必然会越走越宽。

思政学科信息更新快、涉及面广、内容丰富,需要我们不断学习新知识,掌握新技能。因此,我积极参加各种培训和学习活动,努力提升自己的专业素养。2007—2014 年参加浦东新区周增为政治教师培训基地学习,2015—2018 年参加上海市思想政治课研究实训基地学习,2018 年又成为上海市第四期名师名校长攻关计划基地学员。参与基地学习的这些年,专家报告、读书研究、外出考察引领我不断前行;磨课、学员论坛、交流学习激励我勇敢追梦。一些崭新的教学理念成为指引我走上专业、精业、乐业之路的精神路标。

专业化的态度决定着专业化的水平

唯有深入才能浅出,唯有浅出才能深入

教学即研究

教育是事业,事业的意义在于奉献

教师的努力程度决定着课堂教学的深度

知识是外在的,素养是内在的,素养能使人脱颖而出

静下心来,潜心学习

完善自己的知识结构,不断深入研究

关注课堂教学行为

天天做新教师

教学设计是教师教育思想、专业功底的体现

教学设计的核心在于教师对学生的了解

……

教育之路漫漫其修远,教育之人必将上下而求索。有时,学科中的某个问题让我彻夜难眠;有时,教学中的某个难题让我陷入沉思;有时,理想与现实的差距又让我倍感失败的颓废。恰恰是这些困难和挑战,让我更加坚定了对思政学科的热爱和追求,用实际行动诠释着"衣带渐宽终不悔"的精神。

顿悟成长

众里寻他千百度,蓦然回首,那人却在,灯火阑珊处

在苦索坚守的过程中,我付出了泪水与汗水,也收获了价值感与成就感:获得上海市园丁奖;成为浦东新区领军人才后备暨初中道德与法治学科工作坊主持人,负责并参与了多个市级、区级教师继续教育培训课程的开发;积极投身上海市中小学在线教学视频课的录制工作,将实践经验汇成论文发表于市、区级刊物。

决定写这本书,既是出于导师的督促鼓励,出于小伙伴的支持肯定,也出于对自我的一种鞭策。书稿从酝酿到完成可谓是经历了一波三折,我也真正体会了写书人的不易,他们奉献出来的,除了智慧与勇气,更有汗水和艰辛。决定写这本书的最初,诸多困惑和担忧一一浮现:学科重

要性和特殊性，写作角度，写作方式，呈现内容，这本书的独特性与吸引力；如何让更多一线教师从书中获得收获和感悟；如何启发一线教师更好地坚守学科教学，坚守主流意识形态的阵地，坚守教育的初心和使命；如何以学科之真心去濡染教师之师心，从而将这份真心传递到每一个学生的心田。

决定撰写这本书后，我和导师、小伙伴反复研讨章节的名称、章节间的逻辑关系，确保章节内容的可读性。开始着手撰写时，我翻阅了大量相关书籍和论文，弥补自己的专业不足，同时寻找创作灵感。书山有路，学海无涯。随着阅读的逐渐深入，我也从一个著书人变成了一个读书人，真正理解了学无止境的深刻含义。

从第一稿到第十稿，自己也没想到能有如此毅力改了一稿又一稿。从初稿时对结构和大纲的笃定，到撰写过程中的推翻重建，到一稿又一稿的再推翻、再重建，从结构、内容到文词句段，这是一个完整的培育新生命的过程，终于看着它从胚芽到慢慢长大，成就感也油然而生。撰写之前还对自己的写作能力和写作毅力不断自我否定和怀疑，等到它慢慢成形我才真切感悟到：世上无难事，只怕有心人。我们只有勇于想到，善于做到，才能够终于得到！终于感悟，"蓦然回首，那人就在灯火阑珊处"。

一路的成长，我从来不是孤军奋战，有太多的人给予我不竭的关爱、鼓励和支持。周增为老师，是您让我爱上思政课的讲台，感受思政课的魅力；方培君老师，是您让我看到一个优秀思政教师的坚守和执着，您以实际行动诠释了何为敬业与专注，您是年轻思政教师们的引领者；许晓芳老师，是亦师亦友的您给我最好的鞭策和鼓励，给予我更广阔的舞台，使我能更加坚定地迈向自己的未来；孟祥萍老师，您的激励如同春风拂面，让我倍感温暖与力量，您用行动让我理解卓越的意义；张曦老师，是您手把手领着我走上市级比赛的舞台，让我看到思政课更广阔的天地；阎俊老师，每一次相遇您总是对我说：我们尽最大努力，做最好的思政教师，鼓励我不断学习提升。还有我的小伙伴们，徐志华、张娟凤、苏玉青、倪科嘉、钱毓秀、赵韵等,是你们让我感受到,在专业成长的路上有人携手同行是多么快乐,有人互相扶持是多么幸福。和对的你们在一起,我们同舟奋楫,我们风雨并肩,我们踏浪而歌。

作为实践性和阶段性的成果展示,本书既是总结也是开始,是自我突破,是阶段性成长,是从驳杂到专业,从粗疏到精致的转变过程,更昭示着未来努力的方向。我深知,征途漫漫,惟有奋斗;学问之路,虽远必至。

这只是开始!

唐月丽

2024.4.28

图书在版编目（CIP）数据

以知促行　以行求知：初中道德与法治学习活动设计
与实践 / 唐月丽著. — 上海：上海教育出版社，2024.5
ISBN 978-7-5720-2644-7

Ⅰ.①以… Ⅱ.①唐… Ⅲ.①政治课–教学设计–初中
Ⅳ.①G633.202

中国国家版本馆CIP数据核字(2024)第080874号

责任编辑　张璟雯
封面设计　朱韫琪

以知促行　以行求知：初中道德与法治学习活动设计与实践
唐月丽　著

出版发行　上海教育出版社有限公司
官　　网　www.seph.com.cn
地　　址　上海市闵行区号景路159弄C座
邮　　编　201101
印　　刷　上海商务联西印刷有限公司
开　　本　700×1000　1/16　印张 13.5　插页 1
字　　数　187 千字
版　　次　2024年5月第1版
印　　次　2024年5月第1次印刷
书　　号　ISBN 978-7-5720-2644-7/G·2334
定　　价　68.00 元

如发现质量问题，读者可向本社调换　　电话：021-64373213